AŞERE-İ MÜBEŞŞERE

2

ADALETİN ŞAŞMAYAN TERAZİSİ

HZ. ÖMER (R.A.)

MEHMET Yıldız

TİMAŞ

AŞERE-İ MÜBEŞŞERE -2

HZ. ÖMER (R.A.)

Mehmet Yıldız

TİMAŞ YAYINLARI | 5650
Din Kitaplığı - Siyer ve Asrı Saadet | 19

EDİTÖR
Ali Günaydın
Kalender Yıldız

KAPAK TASARIMI
Serdar Ekici

İÇ TASARIM
Nur Kayaalp
Reyhan Ulutel

1. BASKI
Kasım 2022, İstanbul

ISBN
ISBN: 978-605-08-4584-6

9 786050 845846

TİMAŞ YAYINLARI
Cağaloğlu, Alemdar Mahallesi,
Alayköşkü Caddesi, No: 5, Fatih/İstanbul
Telefon: (0212) 511 24 24

timas.com.tr
timas@timas.com.tr
🅕 🅨 🅞 timasyayingrubu

Kültür Bakanlığı Yayıncılık
Sertifika No: 45587

BASKI VE CİLT
Mega Basım
Cihangir Mah. Güvercin Cad.
No: 3 Baha İş Merkezi
Avcılar / İstanbul
Telefon: (0212) 412 17 00
Matbaa Sertifika No: 44452

ADALETİN ŞAŞMAYAN TERAZİSİ

Hz. Ömer (R.A.)

Mehmet Yıldız

**Asr-ı Saâdet'in aslı da saadettir.
Kim onların ayak izlerine basarsa aynı
saadete erişecektir.**

--/--/----

MEHMET Yıldız

Hayatınızın keyifli geçtiğini zannettiğiniz günlerde, bir bakmışsınız Firavun misali bir adam oluvermiş-sinizdir. İşte böyle yaşarken bile kalbim daraldığında, çevremde kimsenin elinin kalbime yetmemesi kalbimi yapan sanatkârın arayışına itiverdi beni.

İyi ki de itmiş, elhamdülillah ite kaka bulduk bu yolu.

Sonra kader diğer sürprizlerini tecelli ettirmek için benim biletimi İzmir'e kesmiş meğer...

Ege üniversitesinde matematik bölümünü bitirdikten sonra ise ikinci meslek olarak matematik öğretmenliğine başlamıştım. İlk mesleğim mi? Rabbimi tanımak...

Mersin'de birkaç üniversiteli gencin birleşerek, bir bebeğin annesinin meme musluklarından beslendiği gibi, Risale-i Nur'un iman hakikatlerine doyurduğu musluklar-dan beslenerek serüvenimiz başladı. Sonra dertlenmeye başladık... Bildiklerimizi, bilemeyenlere bildirmek için dertlenmeye...

Allah, kader planında bu acı ile kıvranan birkaç arkadaşla denk getirince 300 metrekarelik bir mekânda sosyal medya kullanarak milyonlarca insana ulaşmaya vesile olduk. Demek bizim gibi kusurlu adamlar bile bu eserlerle bu hale gelebiliyormuş! Yaptığımız sohbetleri YouTu-be, Facebook, Twitter, Instagram gibi sosyal medya araçlarını kullanarak birçok kardeşimize ulaştırmaya çalıştığımızdan, birkaç yıl içinde bir de baktık milyonlara ulaşmak nasip olmuş. Bize gelen binlerce mesajda, bizleri tıpkı kendileri gibi gördüklerinden ve kendilerinin de bu işleri yapabileceğine güven duymaya başladıklarından bahsediyorlar. Kısa bir süre zarfında milyonlara ulaşınca anladım ki, Allah bizim gibi küçükleri böyle büyük işlere vesile ederek kendi büyüklüğünü gösteriyormuş...

Bu güzel yolda güzel projeler yapabilmek için ömrümüzün sonuna kadar mücadele etmeye niyetliyiz.

Ve sizin hayat hikayeniz de...

Şayet benzer cümlelerden dem vuruyorsa, sizleri bir gün Hayalhanem'de karanfil kokulu demli çayımız ile bekliyor olacağız.

Sosyal Medya:

▶ youtube.com/hayalhanem

🐦 twitter.com/mehmedimyldz

📷 instagram.com/mehmedimyldz

f facebook.com/mehmedimyldz

🌐 https://www.mehmedyildiz.com/

İÇİNDEKİLER

HZ. Ömer (R.A.)

**"Benden sonra bir peygamber gelseydi
bu Ömer olurdu."**

(Tirmizî, Menakıb, 48.)

**"(Ey Ömer!) Nefsim kudret elinde olan Allah'a
yemin ederim ki şeytan sana bir yolda rastlarsa,
mutlaka yolunu değiştirip başka bir yola sapar."**

(Buhârî, Fedâilü'l-Ashâb, 9.)

**"Gökte bir melek bulunmasın ki Ömer'e saygı
duymasın. Yeryüzünde ise bir şeytan bulunmasın
ki Ömer'den kaçmasın."**

(Suyûtî)

**"Üç söz var ki, onları söylediğimde siz de
âmin deyin. Ey Allah'ım! Ben güçsüzüm, beni
kuvvetlendir! Ey Allah'ım! Ben sertim, beni
yumuşak huylu yap! Ey Allah'ım! Ben cimriyim,
beni cömert yap!"**

Hz. Ömer(ra)

HZ. ÖMER (R.A.)

Hasan-ı Basri der ki: "Mahşer günü İslâm insan kılığında insanlara görünecek. İnsanlardan ya şikâyetçi olacak ya da onları Allah'a(cc) övecek. 'Ya Rabbi! Filanca bana sırt döndü, Sen(cc) de ona sırt dön. Ya Rabbi! Filanca beni ayağa kaldırdı, Sen(cc) de onu ayağa kaldır.' En son Hazreti Ömer'in yanına gidecek ve elini kaldıracak. Ya Rabbi! Ben Mekke sokaklarında boynu bükük bir çocuk gibiydim. Ama bu adam Müslüman oldu, beni izzet sahibi kıldı. Onun sayesinde o günden sonra Kâbe'ye girdim. O benim yüzümü ak etti, Sen(cc) de onu ak et!"

Peki, aynı İslâm müşahhas bir halde bizim yanımıza gelse, bizi Rabbimize(cc) nasıl takdim edecek? "Ya Rabbi! O benim elimi bırakmadı Sen(cc) de onu bırakma!" mı diyecek yoksa: "Ya Rabbi! O bana ihanet etti, beni yarı yolda bıraktı. Sen(cc) de onu yarı yolda bırak!" mı diyecek?

Mahşer günü İslâm'ın bizim adımıza da Hz. Ömer'e[ra] verdiği gibi hüküm vermesi için, bizlerin o güzide Sahâbenin ayak izlerine basmaktan başka çaresi yoktur. Zira Hz. Ömer[ra] İslâm yolunda harcadığı yirmi sekiz yıllık ömrünü öyle bereketli geçirmiştir ki, bu ömre nice fetihler nice sosyal ve kültürel alanda yenilikler sığmıştır. Onun İslâm'la altı yıl geç şereflenmesi bile bu bereketten asla azaltmamıştır. Çünkü o Cahiliye yolunda verdiği mücadelenin binler katını İslâm için vermiş ve böylelikle hayatının boşa geçen zamanlarının diyetini ödemiştir. Peki bizler bu satırlardan sonra hâlâ yerimizden hareket etmeyerek boşa geçen zamanlarımızı artırmaya devam mı edeceğiz yoksa onun mücadelesi gibi bir mücadeleye girişip heba olan zamanlarımızın kefaretini ödemek için gayret mi göstereceğiz? Bizlerin İslâm yolunda "Öncü hayatlardan nasıl olunur?" meselesini yaşantısı ile bize öğreten Hz. Ömer'den[ra] alması gereken ders çoktur. Onun azim ve gayretle dolu hayatını anlatmak elbette mümkün değildir. Lakin bir yerden de başlamak gerekir.

TARİHÇE-İ HAYAT

H z. Ömer[ra] Fil Vak'ası'ndan on üç yıl kadar sonra, diğer bir rivâyete göre ise Büyük (Dördüncü) Ficâr savaşından dört yıl kadar önce Mekke'de doğmuştur.[1] Babasının ismi Hattab bin Nufeyl'dir.[2] Baba tarafından kabilesi Adiyyoğulları'dır. Bu kabilenin vazifesi, sefaret yani elçiliktir.[3] Savaşlarla ilgili konularda veya önemli yerlerde yapılan görüşmelerde sürekli onlar görev almaktadır. Hz. Ömer[ra] de bu vazifeyi çok defa üstlenmiştir. Zira onun hem bir duruşu vardır hem de eski cahiliye Arap şiirlerine hıfzı çok kuvvetli olduğundan belagat ilmine vakıftır. Hz. Ömer[ra] şiirlerle kabilesinin savaşlarını ve övülecek yönlerini anlatmıştır. Kendisinin o kadar kuvvetli hafıza ve konuşma kabiliyeti vardır ki bin mısralık cahiliye şiiri ezberleyen Hz. Ömer[ra], halka: "Beş yüzünü ezberleyen karşıma çıksın!" diye seslenmiştir.[4] Bu yüzden belli bir zaman: "Şiir arabın divanıdır." demiştir. Bunu demesinin bir nedeni; şiirlerde tarihinin ve kültürünün olması iken; diğer bir nedeni de Arap gramerinin ölçüsünü en çok belirleyen iki unsurdan birinin Kur'an diğerinin cahiliye şiirleri olmasıdır. Kendisinin de mensubu olduğu Adiyoğulları kabilesinin bu meseleye ciddi vakifiyeti vardır ve Hz. Ömer[ra], yaratılıştan hitabete kabiliyetli bir kimse olduğundan ona kabilesinin sefirlik görevi verilmiştir.[5]

Adiyyoğulları'ndan pek çok kişi Resûlullah[sav] Mekke'de iken Müslüman olarak hicret etmiş, tüm üyeleri de Hudeybiye öncesinde Müslüman olmuştur.[6] Bunda Hz. Ömer[ra] gibi güçlü bir şahsiyetin İslâmiyet'i kabul etmesinin etkisi olduğu söylenebilir. Ama aynı durum, annesinin kabilesi Mahzumoğulları için geçerli değildir. Bu kabilenin özellikle önde gelen mensupları ancak Mekke'nin fethinde Müslüman olmuşlardır.

Hz. Ömer'in[ra] annesinin adı "Hantame" ve anne tarafından kabilesinin adı Mahzumoğulları'dır. Bu kabile ekseriyetle savaşa giden askeri birliklerin manevra, çarpışma, çevirme kollama gibi savaş harekâtlarını yönetmektedir. Ebû Cehil de bu kabiledendir ve kendisi Hz. Ömer'in[ra] dayısıdır. Ebû Cehil'in Müslümanlara karşı yaptığı tüm askerî girişimler kabilesinin savaş yönetimi konusunda kabiliyetinden gelmektedir.

Efendimiz'e[sav] nübüvvet geldiğinde Hz. Ömer[ra] yirmi yedi yaşındadır. Kendisi Efendimiz'den[sav] on üç yaş küçüktür ve İslâm ile şereflendiğinde otuz üç yaşındadır. Hz. Ömer[(ra)] peygamberliğin ilk altı yılı iman etmemiş ve cahiliye döneminde kalmıştır. Efendimiz'in[(sav)] o altı yıl boyunca sağında daima Hz. Ebû Bekir[(ra)] vardır ama sol yanı hep boş kalmıştır. Orası adeta Hz. Ömer[(ra)] için ayrılmıştır ve iman ettiğinde Efendimiz'in[(sav)] sol yanını o doldurmuştur.

Allah Resûlü[(sav)] bir gün Mescid-i Nebevî'ye girmiş ve şöyle demiştir: "Eyne Ebâbekir?/ Ebû Bekir nerede?" Hz. Ebû Bekir[(ra)] anında Efendimiz'in[(sav)] huzuruna gelmiştir. Efendimiz[(sav)] onu sağ tarafına çağırarak: "Teale bi civari/ Yanıma gel!" demiş ve Hz. Ebû Bekir'i[(ra)] sağına almıştır. Sonra Ömer'i[(ra)] sormuş: "Eyne Ömer?/Ömer nerede?" demiştir. Hz. Ömer[(ra)] de anında gelmiş; Efendimiz[(sav)] ona da: "Teale bi civari/Yanıma gel!" demiş ve onu da soluna almıştır. Sonra ikisinin de ellerini tutup havaya kaldırmış. Mescit'te bulunan onlarca sahâbeye yönelerek: "Hakeza nüb'asu yevme'l-kıyame/İşte biz kıyamet günü böyle kalkacağız, böyle haşr olacağız." demiştir.[7]

Siyer kaynaklarımızdan ibn-i Hişam'ın es-Sîre'sine göre Hz. Ömer[(ra)] 40. Müslüman olarak geçmektedir. Başka bir görüşe göre ise Efendimiz[(sav)], nübüvvetin ilk gününden itibaren özel davetlere başlamış ve bu davetlerini Erkam b. Ebü'l-Erkam'ın[(ra)] evinde tam altı yıl yürütmüştür. Bu davet çalışmalarının neticesinde İslâm'la şereflenen kişi sayısı 128'e ulaşmıştır. Hz. Ömer'in(ra) iman edişi ile birlikte de bu sayı 129 olmuştur.[8] Bazı görüşler ibn Hişâm'ın naklettiği 40 sayısını şöyle yorumlamaktadır: O gün için Dârü'l-Erkam'da bulunan sahabe sayısı 39'du; Hz. Ömer(ra) ile birlikte bu sayı 40 oldu; dolayısı ile Hz. Ömer(ra) o gün Dârü'l-Erkam'ın 40. talebesi ama 129. Müslümanıdır.

Hz. Ömer'in(ra) toplamda sekiz - on evliliği vardır ve bu evliliklerinden üç kız, sekiz oğlu olmuştur. Kızlarından Hafsa(ra) annemiz ilerde Efendimiz'in(sav) zevcesi olma şerefine nail olacaktır.

Hz. Ömer(ra) iki metre boyunda, çok heybetli birisidir. Tek eliyle deveyi yatırmışlığı vakî olan ciddi bir güreşçidir. Kendisi Müslüman olduktan sonra İslâm ordusunun başkomutanlığına kadar yükselen Hâlid b. Velîd(ra) ile anne tarafından akrabadır. Hâlid b. Velîd(ra), Hz. Ömer'in(ra) annesinin amcalarının oğullarıdır[9] ve eski dönemlerde bir gün Hz. Ömer(ra) onunla güreşe tutuşunca Hâlid b. Velîd(ra) onun bacağını kırmıştır.[10]

Hz. Ömer(ra), yesari yani solaktır. Ticaret için Yemen, Filistin, Irak, Habeşistan, Suriye, Mısır'a gittiğinden dünya coğrafyasını iyi bilir ve dünyanın genel durumu hakkında da fazlaca malumatı vardır. Halifelik zamanında eskiden çobanlık yaptığı bir dağın eteğinden geçerken babasının ona çobanlık yaptırdığı dönemi anlatır ve babasından: "Babam sert bir adamdı. Eksiğimi bulur, beni döverdi." diye bahseder. Hz. Ömer'in^(ra) mizacından yola çıkarak babası hakkında da tahminlerde bulunmak mümkündür.

Hz. Ömer^(ra) için insanlar: "Yürüyünce bir yiğit yürür, yer sarsılırdı." derler. O halde bizlerin izzet, vakar gibi kelimeleri Hz. Ömer^(ra) ile yeniden inşaa etmesi gerekir. Çünkü tezellül (alçalma) sadece Allah'a yapılır. İnsanlara karşı ancak ve ancak tevâzu sergilemek gerekir. Tevâzu ise asla birinin önünde iki büklüm olmak değildir.

AKLÎ MUHAKEME VE MUVAZENE

H z. Ömer(ra) bir denge insanıdır ve aklî muhâkeme ve muvâzenelerdeki terazinin nasıl olması gerektiğini bizlere yaşantısıyla öğretmiştir. Kendisi halifeliği döneminde valilerine mektup yazarak: "Çocuklara yüzmeyi, atıcılığı ve ata bir hamlede binmeyi öğreteceksiniz!" diye emir vermiştir. Çünkü ata bir hamlede binmek ve at hareket halindeyken attan bir hamlede inip birkaç adımda durmak savaşta özel anlamı olan psikolojik bir taktiktir. Bir insan, karşısında ata böyle inip binen birini görse korkacaktır. Hz. Ömer(ra) valilerine böyle emir verirken aynı zamanda ordu komutanlarına da sürekli: "Askerleri dikenli yoldan bile yürütmeyeceksiniz!" diye emir vermiştir. Kendi aldığı tedbirlerden dolayı bir hata olmamalıdır. Eğer bir askeri bile şehit olursa Allah'a nasıl hesap vereceğini düşünür, adalette ve yönetimde tam günümüzde aradığımız dengeyi kurar. Zira o hem cesur hem de sebeplere çok güzel riâyet eden bir insandır. Mesela Enes b. Mâlik'in[ra] abisi Berâ[ra], kahraman ve korkusuz bir sahâbedir. Hatta gladyatörler seviyesinde, yüzün üstünde kişiyi ikili dövüşte yere sermiş, yenilgi yüzü görmemiştir. O yüzden Hz. Ömer[ra] bir sefere çıkılacağı zaman: "Berâ'yı ordu komutanı yapmayacaksınız, ama asla ordudan da ayırmayacaksınız!" demiştir. Çünkü Berâ'nın[ra] gözü kara olduğundan bir avuç askerle karşı tarafın ordusuna dalabilir. Onun için Hz. Ömer[ra] onu orduda komutan olarak değil ateşleyici olarak kullanmıştır.

Başka bir zaman ise Hz. Ömer[ra] bir bölgeye birisini vali tayin etmiş ve vali evraklarını almak üzere onun huzuruna gelmiştir. Vali adayı tam Halife'nin yanından ayrılacağı sırada bir çocuk çıkagelmiş ve doğruca Halife'nin kucağına oturmuştur. Halife Ömer[ra] çocuğu sevip, öpünce vali adayı halifenin yanındaki adamları bırakıp da çocukla ilgilenmesini pek doğru bulmamış olacak ki: "Ya Emîrü'l mü'minîn! Siz çocukları sever, öper misiniz? Benim tam dokuz tane çocuğum var. Hiçbirini bugüne kadar kucağıma alıp sevmedim." demiştir. Bunun üzerine Hz. Ömer[ra] hemen: "Ver bakayım şu elindeki valilik evrakını!" deyip evrakı oracıkta yırtarak: "Seni valilikten azlediyorum. Kendi öz evlâdına merhamet edip acımayan halkımıza hiç mi hiç merhamet edemez!" demiş ve adamı huzurundan kovmuştur.

İşte bu örnekler, Hz. Ömer'in[ra] yaptığı muazzam tespit örnekleridir. Zira aklî muhâkeme ve muvâzenelerdeki terazinin nasıl olması gerektiği, duyguların ve hislerin yönetiminin ehemmiyeti, sebeplerin nerede kullanılacağı, nerede tevekkül edilmesi gerektiği gibi soruların tamamının cevabı Hz. Ömer'dir[ra].

İKİ ÖMER'DEN BİRİ

Asıl adı Amr b. Hişâm el-Muğira olan Ebû Cehil İslâm'ın ilk döneminden itibaren İslâm'a hep karşı çıkmış, Efendimiz'e(sav) ve özellikle güçsüz Müslümanlara var gücüyle düşmanlık gösterip ezâ ve cefâlarda bulunmuştur. İslâm'ın ilk iki şehidinden biri olan Ammâr b. Yâsir'in(ra) annesi Sümeyye(ra) onun tarafından öldürülmüş, hicretten sonra gerçekleşen Bedir Savaşı da onun yüzünden çıkmıştır. Darû'n Nedve'de Efendimiz'in(sav) öldürülmesine dair karar onun teklifi üzerine alınmış ve kendisi hayatı boyunca İslâm'a karşı tüm faâliyetlerde başı çekmiştir.

Hz. Ömer'in(ra) de cahiliye döneminde ondan kalır yanı yoktur. O dönem kötülük yuvası olan Dâru'n Nedve'de: "Zayıf Müslümanlara baskı yapılacak, onlar dininden geri dönene kadar eziyet edilecek." diye bir karar alınmış ve onlara en çok baskıyı Hz. Ömer(ra) yapmıştır. Hz. Ömer'in(ra) karşısında müşriklerin en ilerileri olarak bilinen Ebû Cehil, Ümeyye

b. Halef, Velid b. Muğire, Nadr b. Haris gibiler bile konuşmaya çekinmektedir. Çünkü o cahiliye devrinde en sert mizaca sahip bir insandır. Kendisi öyle bir heybete sahiptir ki insanlar o yürüdüğünde binekle geliyor sanarlarmış. Hatta o dönem anneler çocuklarını bile: "Sus, çabuk uyu! Yoksa seni Ömer'e veririm." diye korkuturlarmış.

Efendimiz[sav] bir gün: "Allah'ım! İki Ömer'den (Ömer b. Hattab ve Amr b. Hişâm) biri ile Sen İslâm'ı aziz kıl, güçlendir." diye dua etmiştir.[11] Allah Resûlü'nün[sav] duada istediği Ömerlerden biri Hz. Ömer[ra], diğeri ise Ebû Cehil'dir. Çünkü bu iki insan da cahiliye döneminde bulundukları davayı çok samimi yaşamışlardır. Mesela Efendimiz'in[sav] amcası Ebû Leheb, nerede menfaati varsa oraya yanaşan, davasında samimiyetsiz, korkak biri olduğundan Bedir'e kendisi gitmemiş, parayla asker göndermiştir. Ama Ebû Cehil inandığı davanın arkasından bizzat kendisi gitmiştir. Dâru'n Nedve'de Efendimiz'in[sav] öldürülmesine dair karar çıktığında Resûlullah'ı[sav] öldürecek olana yüz deve vaat eden Ömer bin Hişam, diğer namıyla Ebû Cehil iken, bu teklifi kabul edip Resûlullah'ı[sav] öldürmek üzere yola çıkan ise Ömer bin Hattab'dır[ra].

İşte Efendimiz[sav] o dönem onların mayasındaki samimiyetin farkında olduğundan, ileride bir gün iman ederlerse aynı samimiyeti İslam davasında da göstereceklerini biliyordu.

Bizler Allah'tan(cc) bir şey isterken -haşa- marketten sipariş eder gibi istiyoruz. İstediğimiz şeyin kendimiz için hayırlı olup olmadığını bilmeden tek bir şeyde ısrar ediyoruz. "Allah'ım bana mutlaka bu işi ver, Allah'ım bana illa bu eşi ver." diyoruz. Allah'ın bizim hakkımızda seçtiği şeyi kendi seçtiğimizden daha hayırlı olduğunu göremiyoruz. Efendimiz(sav) ise duâsında: "İki Ömer!" demiyor: "İki Ömer'den birisi!" diyor. Peki neden? Bunun bir sebebi O(sav) bir peygamberdir ve hangisinin imana kabiliyeti olduğu O'na(sav) malum olmuştur. Onun için de öyle dua etmiştir. Bir diğer sebebi ise, Allah'ın(cc) iradesini yok sayarak direkt istenen şeye odaklanmak kulluğun edebine aykırı olduğundan: "İki Ömer'den biri!" demiştir. Allah Resûlü(sav) bu duası ile bizlere dua konusundaki ahlakımızın nasıl olması gerektiğini de öğretmiştir.

İlerleyen zamanlarda Efendimiz'in(sav) bu duası, Hz. Ömer'in(ra) aklına her geldiğinde Hz. Ömer(ra) gözyaşlarını tutamamış ve: "Ya o dua bu Ömer'e değil de, diğer Ömer'e isabet etseydi bu Ömer ne yapacaktı?" diye ağlamıştır.

MÜSLÜMAN OLUŞUNUN ÜÇ SÜRECİ

H z. Ömer'in⁽ʳᵃ⁾ Müslümanlığı üç süreçte gerçekleşmiştir. Birinci süreci şöyle olmuştur: Hz. Ömer'in⁽ʳᵃ⁾ Âmir b. Rebîa⁽ʳᵃ⁾ ve Leylâ bint Ebî Hasme⁽ʳᵃ⁾ isminde iki tane azadlı kölesi vardır. Bu iki köle Efendimiz'e⁽ˢᵃᵛ⁾ nübüvvetin gelmesi ile iman etmiştir. Hz. Ömer⁽ʳᵃ⁾ de Müslüman oldukları için onlara etmedik eziyet bırakmamıştır. İri yarı, deveyi yere seren Hz. Ömer⁽ʳᵃ⁾ o gücüyle eline kamçıyı alıp onları öyle döver öyle dövermiş ki bir ara yorulur biraz ara verir. Ara verince de onlara: "Sanmayın size acıdığım için durdum, yoruldum onun için durdum. Biraz dinleneyim yine başlayacağım sizi dövmeye..." dermiş.

Bu iki köle, Hz. Ömer'in⁽ʳᵃ⁾ kendilerine yaptığı işkencelerden bitap düştüklerinden nübüvvetin beşinci yılı Birinci Habeşistan hicretine katılmak için hazırlık yapmaya başlamışlardır. Hz. Ömer⁽ʳᵃ⁾ hazırlıkları görünce: "Bir yere mi gidiyorsunuz?" diye sormuş; Leylâ⁽ʳᵃ⁾ da: "İşkencelerinizden bıktık,

sizin yüzünüzden doğduğumuz toprakları terk edi-
yoruz. Çıkıp Habeşistan'a gideceğiz" demiştir. Bu
cevap üzerine Hz. Ömer(ra) hüzünlenmiş ve bu hü-
zün onun kalbine akan ilk hidâyet pırıltılarından
olmuştur.

Leylâ(ra), Hz. Ömer'in(ra) o haline şaşırmış, biraz
sonra kocası Âmir(ra) gelince ona: "Az önce Ömer
buradaydı, şöyle şöyle oldu. Ben öyle tahmin edi-
yorum ki Ömer Müslüman olacak!" demiştir. Âmir(ra)
ise hanımının bu düşüncesine gülerek: "Ömer'in
babası Hattâb'ın ölmüş eşeği kalkar Müslüman
olur, Ömer Müslüman olmaz." diye karşılık vermiş-
tir. Âmir(ra), onun iman etmesine asla ihtimal ver-
mese de gerçekten o gün Hz. Ömer'in(ra) yüreğine
iman tohumu az da olsa düşmüş ve bu onun imana
yürüyüşünün ilk adımı olmuştur.[12]

Hz. Ömer'in(ra) Müslümanlığının ikinci süreci
ise şöyle gerçekleşmiştir: Efendimiz(sav), bir gün
gece vakti Kâbe'de ibadet etmektedir. Hz. Ömer(ra)
de arkadaşlarıyla buluşmak için yola çıkmıştır. O
esnada Kâbe'de ibadet eden Efendimiz'i(sav) görür.
Gizlice Efendimiz'e(sav) doğru yaklaşır ne yaptığını
merak eder. O anda Efendimiz(sav), Hâkka Suresin-
den ayetler okumaktadır. Kelamın kıymetini çok iyi
bilen Hz. Ömer(ra), içinden: "Bunlar olsa olsa bir şair
sözüdür." diye geçirir. O anda Efendimiz(sav) Hâkka
Suresinin 41. ayetini okumaktadır: "O bir şair sözü
değildir; ne de az iman ediyorsunuz?" Hz. Ömer(ra)
bu ayeti duyunca şaşırır ve bu sefer de: "Benim

içimi mi okuyor bu adam, yoksa o bir kâhin mi?" der. O sırada Efendimiz[sav] bir sonraki ayeti oku-maktadır: "O bir kâhin sözü de değildir ne kadar az düşünüyorsunuz!" Hz. Ömer duydukları karşısında bir kez daha şaşırır ve: "Bu sözler Muhammed'in uydurması mı?" der. Efendimiz[sav] ayetin devamını okumaya devam eder: "Eğer bu sözleri Muhammed uydurmuş olsaydı onu kıskıvrak yakalardık. Sonra onu can damarından koparırdık!"[13]

Hz. Ömer[ra] bu hadise karşısında epey sarsılır ve anında orayı terk eder. Ama günlerce duyduğu o ayetlerin etkisi altında kalır ve Hz. Ömer'in[ra] kalbine akan ikinci hidâyet damlası da bu olur.[14]

Son süreç ise şöyle gelişir. Emsalsiz kahraman-lardan biri olan Hz. Hamza'nın[ra] Müslümanlar safına katılması ve arkasından da bir grup Müs-lümanın Habeşistan'a hicretleri, Kureyş müşrikle-rini derin derin düşündürmeye başladı. Bu durum onların hayatlarında büyük bir tedirginlik ve endi-şe oluşturdu. Nübüvvetin altıncı yılında yine böyle bir gün Dârü'n-Nedve'de Efendimiz'in[sav] Mekke'de oluşturduğu tesir konuşulurken Hz. Ömer[ra] hid-detlendi ve: "Öldürelim Muhammed'i[sav]! Bu işi de kökten halledelim!" dedi. Kılıcını kuşanıp nerde olduğunu bilmediği ama duyduğu Safa Tepesi'n-deki bir evde O'nu[sav] aramaya doğru yola çıktı. Yolda akrabalarından Nu'aym b. Abdullah[ra] ile karşılaştı. Nu'aym[ra], Hz. Ömer'in[ra] hiddetli halin-den bir şeyler olduğunu anladı. O günlerde Müslüman olan Nu'aym[ra], Hz. Ömer'e[ra] nereye gittiğini sordu ve aldığı cevap üzerine şok oldu. Nu'aym[ra], Efendimiz'i[sav] koruma adına, onu bu hareketinden vazgeçirmek için hedefi nasıl değiştirebilirim, diye düşündü ve o ana kadar Hz. Ömer'in[ra] bilmediği bir şeyi ona söyledi: "Sen Muhammed'in[sav] peşine düşeceğine, önce eniştten ve kız kardeşine bak!" dedi ve onların Müslüman olduklarını söyledi. Hz. Ömer[ra] duyduklarını doğrulatmak için hemen kız kardeşi Fâtıma bint Hattâb'ın[ra] ve eniştesi Saîd b. Zeyd'in[ra] evine doğru yöneldi. Eve yaklaştığında, içeriden bazı sesler geldiğini duydu. O anda da Habbâb b. Eret[ra], evin sakinlerine yeni nazil olan Kur'ân ayetlerini okumaktaydı. Hz. Ömer[ra] hiddetle kapıyı çarptı ve içeriye girdi. Habbâb[ra] evin bir köşesine saklandı, okunan ayetleri ortadan kaldırdı. Hz. Ömer[ra] ise onlara ne okuduklarını sordu, Müslüman olup olmadıklarını sorguladı ve önce eniştesine, sonra kız kardeşine bir tokat vurdu. Kız kardeşi: "Ne yapacaksan yap, senden korkmuyoruz. Biz iman üzereyiz." deyince o esnada kız kardeşinin ağzından süzülen kan bir anda Hz. Ömer'i[ra] çok üzdü. İşte bu hadise onun gönlünü İslâm'a yumuşatan üçüncü olay oldu. Hz. Ömer'in[ra] yüreği yumuşayınca kız kardeşine okuduklarının ne olduğunu sordu. Okunanlar Tâhâ Suresinden birkaç âyetti. Hz. Ömer[ra] kız kardeşinden Kur'an'ı istedi ama Fâtıma[ra] yırtar korkusuyla vermedi. Hz. Ömer[ra] yırtmayacağına dair söz verince kız kardeşi ona, önce temizlenmesini söyleyerek duş aldırdı ve

Kur'an'ı öyle verdi. Hz. Ömer(ra) onların ne okuduklarını temaşa ederken kapının arkasından Habbâb b. Eret(ra) çıktı ve: "Vallahi! Ey Ömer! Ben, Resûlullah'ın(sav) senin için dua ettiğini işittim!" dedi. Çünkü zamanında Efendimiz(sav): "Ya Rab! Bana iki Ömer'den birini ver." diye dua etmişti.

Duada geçen Ömerlerden biri Amr b. Hişam yani Ebû Cehil diğeri ise Ömer b. Hattab'dı(ra). Bunun üzerine, Hz. Ömer(ra), Efendimiz'in(sav) yerini sordu; Habbâb(ra) tarif etti ve o da dirilmek için Erkam'ın(ra) evinin yolunu tuttu.[15]

Dârü'l-Erkam'ın kapısında duran Bilal b. Rebâh(ra), Hz. Ömer'in(ra) geldiğini gördü ve hızlıca içeri girdi. "Eyvah Ömer geliyor!" dedi. Üç gün önce iman eden Hz. Hamza(ra) da oradaydı ve Hz. Bilal'in(ra) bu telaşı üstüne: "Kimse endişelenmesin. O Ömer ise ben de Hamza'yım!" diye karşılık verdi. Kapı açıldı, Hz. Ömer(ra) içeri girdi ve Efendimiz(sav) ona: "Gel Hattab'ın oğlu! Müslüman olacağın gün gelmedi mi? Sen de Ebû Leheb gibi Allah'ın kitabında zemmedilmeyi mi bekliyorsun? İnadın yeter!" dedi. Efendimiz(sav) Hz. Ömer'i(ra) yakasından tutup iyice salladı ve: "İman etmeyecek misin?" diye sordu. Bunun üzerine Hz. Ömer'in(ra) dilinden o altın revnaklar, şehadet cümleleri döküldü ve orada iman etti. Kendisi ileriki yıllarda bu anları hatırlayarak: "Resûlullah(sav) beni salladığında imanımın yerine oturduğunu hissettim." buyurur. Ne gariptir ki, Hz.

Ömer(ra) Resûlullah'ı(sav) öldürmek üzere çıktığı yolda kendisi can bulur.

İman eder etmez Hz. Ömer(ra), Ömerliğini yapar ve: "Ya Resûlullah(sav) onlar batıl, biz Hak değil miyiz? Biz neden saklanacağız? Onlara karşı durmamız gerekmez mi? Çıkalım Mekke sokaklarına imanı haykıralım." der ve onun bu söylemi üzerine Efendimiz(sav): "Ya Ömer! Sen Hattab'ın oğlu değil, Ömer-ül Fâruksun!" buyurur. Fâruk, Kur'an'ın diğer adı olup, iyi ile kötüyü, yanlış ile doğruyu birbirinden ayıran nur demektir ve Hz. Ömer(ra): "Fâruk" lakabını bu hadiseden sonra alır. O günden sonra da Hz. Ömer'in(ra) hayatına batıl bir daha girmez.

Nübüvvetin ilk altı yılı davetler özel olarak yapılmış, kişiler imana seçilerek davet edilmişti. Ama Hz. Ömer'in(ra) iman etmesi ile Efendimiz(sav) ona ilan yapma izni verdi ve böylece onun imanından sonra açıktan davet başladı. Hz. Ömer(ra) ilan yapma iznini alır almaz Ümeyye b. Halef, Ebû Cehil, Velid b. Muğire gibi birçoklarının kapısını çaldı. Kapıyı açıp: "Buyur Ömer, ne var?" dediklerinde de yüzlerine kelime-i şehadet getirdi. Hatta kendisi Ebû Cehil'in kapısını çalıp: "Sana; Allah ve O'nun Elçisi Muhammed'e(sav) iman ettiğimi, O'nun(sav) getirdiğini tasdik ettiğimi haber vermeye geldim." deyince, Ebû Cehil; "Allah seni ve getirdiğin haberi kahretsin" dedi ve kapıyı yüzüne kapattı.[16]

Hz. Ömer'in[ra] ev ev gezdiğini gören bir sahâbe yanına gitti ve: "Ya Ömer! Ben anladım ki sen bu haberi herkese duyurmak istiyorsun. Madem öyle Cemîl b. Ma'mer'e söyle. O ayaklı gazete gibidir. Ona söylediğini tüm Mekke anında duyar." dedi. Bu fikir Hz. Ömer'e[ra] de hoş geldi ve gidip Cemîl'i[ra] buldu. "Ya Cemîl, ben iman ettim ama kimseye söyleme!" dedi. Bunun üzerine saatler içinde bütün Mekke, Hz. Ömer'in[ra] iman ettiğini duydu.

Hz. Ömer[ra], Kureyşlilerin toplandıkları yere gittiğinde Cemîl b. Ma'mer'in[ra] haberi duyurması üzerine Mekkeliler önce herhangi bir tepki göstermemişlerdi. Ama bu tepkisizlik Hz. Ömer'in[ra] Kâbe'ye gidip Müslüman olduğunu ilan ettiği anda yerini şiddete bırakmıştı. Mekkeliler orada Hz. Ömer'i[ra] şiddetli bir şekilde, uzun süre dövmüşlerdi.[17] Olayı gören Âs b. Vail onlara müdahale ederek Hz. Ömer'i[ra] kurtarmıştı.[18]

Hz. Ömer[ra], Mekke'nin on üçüncü yılı hicret hadisesinde de aynı Ömer'di[ra] ve herkes gizliden hicret ederken o açıktan hicret etmişti. Yanına en zayıf Müslümanları da alarak müşriklere: "Ben şimdi şu yollardan Medine'ye gidiyorum. Çocuğunu babasız, hanımını kocasız, anasını çocuksuz bırakmak isteyen varsa peşime düşsün!" demişti. Gideceği yeri satır satır anlatarak adeta hepsine meydan okumuştu. Çünkü o Ömer'di[ra]!

Efendimiz[sav] bir hadisi şerifinde onun için: "Ey Ömer, senin yürüdüğün yolda şeytan yürümez!"

buyurmuş, bu yüzden de birçok sahâbe: "Ömerle olduğumuz her gün Ramazan gibiydi." demişti.[19] Çünkü Ramazan ayında şeytanlar bağlandığı gibi, Hz. Ömer'in(ra) yürüdüğü sokaklarda da şeytanlar adım atamaz, bağlı halde kalırlardı.

HALİFE OLUŞU

Hz. Ebû Bekir'in[(ra)] 2.5 yıl boyunca baş kadısı Hz. Ömer[(ra)] idi. Hz. Ebû Bekir[(ra)], 2.5 yıllık hilafetinin ardından hastalandı ve hastayken yanına Abdurrahman bin Avf'ı[(ra)] çağırıp: "Ömer'i nasıl bilirsin?" diye sordu. Sonra da aynı soruyu Osman bin Affân'a[(ra)] sordu. Aslında ikisi de bu makamı deruhte edebilecek nitelikteydi ama asla: "Neden bizi değil de Ömer'i halife seçtin?" dememişlerdi. Çünkü onların gönlünde böyle meseleler yoktu, hiçbir zaman da olmamıştı. Onlar, o mevkiye layık olan her kimse direkt onu başgöz üstü eden insanlar olmuşlardı. Onlar Hz. Ömer'i[(ra)] iyi bildiklerini söyleyince Hz. Ebû Bekir[(ra)] devletin sekreteri Hz. Osman'a[(ra)]: "Ey Osman! Yaz, benden sonra halife Ömer'dir." buyurdu. Böylece Hz. Ebû Bekir[(ra)] seçimle halife olurken, Hz. Ömer[(ra)] tayin ile halife olmuş oldu.

Talha b. Ubeydullah[ra], Hz. Ömer'in[ra] halifeliği-
ni duyunca Hz. Ebû Bekir'in[ra] yanına giderek: "Ya
Ebû Bekir! Vallahi Ömer buna layıktır ama kızdığı
anda baş uçurur." dedi. Hz. Ebû Bekir[ra] ise ona: "Siz
Ömer'i tanımamışsınız, Ömer öyle biridir ki ondaki
rahmet damarı en az kuvvet damarı kadar güçlü-
dür."[20] diye karşılık verdi.

Hz. Ömer[ra] şahsiyeti gereği insanlar arasında
inandığı şeyi yerine getirme hususunda şiddetli
davranmakla tanınırdı. Kendisi Müslüman olma-
dan önce ilk iman edenlere karşı sert muamele
ettiyse de Müslüman olduktan sonra bu sertliğini
İslâm'ın lehine müşriklere karşı yöneltmişti. Hz.
Ömer[ra] halife olduktan sonra da doğruların uy-
gulanması ve hakkın elde edilmesi konusunda ti-
tiz davranmaya ve en ufak ayrıntıları bile bizzat
takip etmeye aşırı derecede dikkat göstermişti. O,
bir şeyi emrettiği veya yasakladığı zaman ilk önce
kendi ailesinden başlardı. Aile fertlerini bir ara-
ya toplayarak onlara şöyle derdi: "Şunu ve şunu
yasakladım. İnsanlar sizi yırtıcı kuşun eti gözet-
lediği gibi gözetlerler. Allah'a yemin ederim ki,
herhangi biriniz bu yasaklara uymazsa onu daha
fazlasıyla cezalandırırım."

Kendisi sert bir mizaca sahip olmasına rağ-
men insanlara karşı oldukça mütevazı davranırdı.
Geniş toprakları, güçlü orduları olan bir devletin
başkanı olması bile onu, diğer insanlar gibi mü-
tevazı ve sade bir hayat yaşamaktan alıkoyama-

mıştı. Hz. Ömer[ra], pahalı, lüks elbiseler giymekten kaçınır, diğer insanlar gibi gerektiğinde alelade işlerle uğraşmaktan çekinmezdi. Onu tanımayan kimse onun Müslümanların halifesi olduğunu asla anlayamazdı. Çünkü çoğu zaman giydiği elbise yamalarla dolu olurdu.

VEFATI

H z. Ömer(ra) Hac ibadetini yerine getirmek için Arafat'taydı ve arkasında da Selmân-ı Fârisî(ra) vardı. Hz. Ömer(ra) o an: "Allah'ım! İslâm devleti genişledi, altımdakiler çoğaldı, benim gücüm zayıfladı. Ne olur bir an önce katına al. Benden önce sana ulaşan iki dostuma kavuştur ve bu ağır yükü bana taşıtma." diye duâ etti.[21] Selmân(ra): "Bu hal nedir?" diye sorunca da: "Vallahi korkuyorum Selmân. Ben halife miyim, yoksa sultan mıyım?" diye cevap verdi.

Hz. Selmân(ra) hakikatli bir dosttu. "Eğer sen Müslümanların malından aldıysan onu kendin ve yakınların için kullandıysan sultansın. Yoksa korkma, sen bir halifesin!" dedi. İşte imamet ile saltanat arasındaki fark tam olarak buydu.

Bir gün Hz. Ömer(ra) rüyasında etini koparan bir horoz görünce bu rüyayı: "Herhalde acemlerden birisi beni şehit edecek!" şeklinde tefsir etti. Arkadaşları: "Ey Ömer! Medine'de toplam dört tane

acem köle var. Ne gerekiyorsa uygulayalım!" de-
yince: "Olmaz, rüya üzerinden adam mı yargılanır?
Suç işlemeden ceza verilir mi?" diyerek onları en-
gelledi. Sonra da orada konuyu kapatarak Mescid-i
Nebevî'de kendisinin şu duasına âmin denmesini
istedi: "Ya Rabb! Bana şehadeti rızık olarak ver.
Medine'de ölmeyi bana kolaylaştır!"

Kızı Hafsa(ra) annemiz duayı duyunca: "Babacı-
ğım Peygamber'in(sav) şehrinde düşman mı var ki
seni şehit etsin?" diye sordu. Hz. Ömer(ra) ise: "Bil-
mediğiniz bir hadise var!" dedi ve anlatmaya baş-
ladı: "Bir gün ben, Ebû Bekir, Osman ve Efendimiz(sav)
Uhud'un üstünde yürüyorduk. Dağ sallanmaya baş-
ladı. Efendimiz(sav) Uhud'a seslendi: 'Ey Uhud! Ye-
rinde dur. Senin üstünde bir Nebi, bir Sıddık, iki de
şehit vardır.' O bir Nebî Efendimiz(sav), bir sıddık ise
Ebû Bekir'dir. Şehadet de Osman ile bana düştü ey
kızım! Bu Efendimiz'in(sav) beşaretidir."[22]

Hz. Ömer(ra) bir gün, Medine çarşısında gezer-
ken, Muğîre b. Şû'be'nin(ra) Hristiyan kölesi Fîrûz
en-Nihâvendî (Ebû Lü'lü) ile karşılaştı. Firuz: "Ey
Mü'minlerin Emîri! Muğîre bana ağır haraç koydu,
onu hafiflet." deyince Hz. Ömer(ra) konuyu öğren-
mek için: "Haracın nedir?" diye sordu. Firuz: "Gün-
lük iki dirhem." deyince Hz. Ömer(ra) tekrar: "Sana-
tın nedir?" diye sordu. Köle: "Tüccarım, nakkaşım,
demirciyim." buyurdu. Aldığı cevaplar üzerine Hz.

Ömer(ra): "Bu sanatlara göre haracını çok görmüyorum. Hem duyduğuma göre, sen 'Yel değirmeni yapabilirim.' demişsin." dedi. Hristiyan köle: "Evet" diye onu doğrulamıştı ama haracı hafifletilmediği için de kızmıştı. O kızgınlıkla Halife Hz. Ömer'e(ra) şöyle dedi: "Sana öyle bir değirmen yapayım ki doğudan batıya dillere destan olsun!" Hz. Ömer(ra) son cümle üzerine: "Köle beni tehdit etti!" deyip evine gitti.

Zilhiccenin sonlarına doğru bir sabah namazı vakti, Hz. Ömer(ra) imamette namaz kıldırmaktaydı. O esnada arkasındaki acem, Mecusi köle Firuz özel suikast hançerini çıkardı. Altı kez Hz. Ömer'e(ra) vurdu ve onu ağır yaraladı. Firuz kaçarken hançeri on üç sahâbeye daha vurdu ve onlardan da altısı şehit oldu. En son Abdurrahman b. Avf(ra) cübbesini onun üstüne atınca Firuz kaçamayacağını anladı ve hançerle kendisini de öldürdü. Hz. Ömer(ra): "Ey ibn-i Abbâs, bak bakalım beni kim yaraladı!" diye sordu. İbn-i Abbâs(ra) bir müddet dolaşıp döndü ve kendisini hançerleyenin, Muğîre bin Şu'be'nin kölesi olduğunu söyledi. Bunun üzerine Hz. Ömer(ra): "Allah canını alsın, ben ona mârufu, doğru olanı emretmiştim!" dedi ve ilave etti: "Ölümümü, İslâm'a girdiğini iddia eden birinin eliyle yapmayan Allah'a(cc) hamdolsun!"[23]

Hz. Ömer(ra) ağır yaralanınca İbni Abbâs(ra) onu hasta yatağında ziyarete gitti ve: "Buradaki Ömer'dir, Peygamber(sav) arkadaşıdır, cennetle müjdelidir!" diye konuşmaya başladı. Onun bu sözleri üzerine Hz. Ömer[ra]: "Kimi neyle övüyorsun sen?" dedi. İbni Abbâs[ra]: "Vallahi sende olmayan tek bir vasfı söylemedim." deyince Hz. Ömer[ra] gözyaşları içinde: "Allah[cc] bana 'Sevabın ile günahın eşit!' desin ötesini istemiyorum. Eğer Allah[cc] beni bağışlamazsa vay Ömer'e, vay Ömer'in anasına. Duysam ki bütün insanlar cennette, bir tek insan cehennemdedir. Vallahi korkarım ki o ben olayım! Duysam ki bütün insanlar cehennemde, bir tek insan cennettedir. Vallahi umarım ki o ben olayım!" dedi. Bunlar cennetle müjdelenmiş bir zatın sözleriydi. Birisi bize: "Kur'an eski çağlarda kaldı!" dese kızıyoruz. Peki hakikatler eskide mi kaldı ki uymuyoruz?

Halife'nin yaralanması üzerine diğer sahâbeler de yanına gittiler ve: "Ey Ömer! Sen de Hz. Ebû Bekir gibi yap. Kendinden sonra oğlun Abdullah b. Ömer'i bize halife bırak!" dediler. Hz. Ömer[ra] ise onlara "Olmaz! Bir eve bir kurban yeter, kurbanım!"[24] dedi ve kendisini vazife noktasında İslâm'a kurban gördüğünden o eve ikinci bir kurbanı fazla gördü. Sürekli tanıdıklarını bir yerlere getirmeyi çalışanların kulakları çınlasın...

Kendisi vefatından önce bir şûra heyeti topladı ve: "Halifeyi o şûra heyeti seçecek." buyurdu. Hz. Ömer'in[ra] belirlediği şûra heyetini Allah Resûlü'nün[sav] hayattayken razı olduğu on kişiden altısı oluşturuyordu. Aslında bu sayının yedi olması lazımdı ama o yedi kişiden birisi eniştesi Saîd bin

Zeyd(ra) olduğundan, Hz. Ömer(ra): "Yakınlarım burada olamaz!" diyerek onu şûra heyetine almamıştı.[25]

Hz. Ömer(ra) vefat etmeden önce oğlu Abdullah(ra) ile kızı Hafsa'yı(ra) yanına çağırdı ve: "Oğlum, kızım ben size miras bırakamadım. Ama borçlarımı bıraktım. Ben ölünce evimi satılığa çıkarın. O para da yetmezse Adiyyoğulları'na gidin ama benim borcumu kapayın!" dedi. Babalarının vasiyeti gereği evlatları Hz. Ömer(ra) vefat edince evi sattılar ama yine de para borçları ödemeye yetmedi. Fakat onların Adiyyoğulları'na gitmelerine de gerek kalmadı. Çünkü sahâbeler kalan borcu kendi aralarında toplayıp ödediler. Öyle bir insan düşünün ki dünyanın hazineleri eline geçiyor ama borçlu ölüyor. Ey Ömer(ra)! Ne kadar uzağız seni anlamaya...

ADALETİ

"Kenar-ı Dicle'de bir kurt kapsa koyunu,
Gelir de adl-i İlâhî Ömer'den[ra] sorar onu."[26]

Cümle alem şahittir ki adalet denince akla gelen ilk isim Hz. Ömer'dir[ra] ve onun adalet kefesinde iki özellik vardır. Biri Cemali, diğeri Celali tecelliden oluşur. O kefelerden birinde rahmet, diğerinde kuvvet vardır. Zira adalette bu iki terazi sağlanmak zorundadır. Eğer bir kişide kuvvet olup rahmet olmazsa o kişi "zalim" olur. Rahmet, şefkat olup kuvvet olmazsa da o kişi "zelil" düşer. İşte Hz. Ömer[ra] bunu dengeleyip aynı zamanda bu dengeyi bize de öğreten kişidir. Zîra Endülüs tarihinde "III. Abdurrahman" isminde bir halife isyan eden oğlunu infaz ederken: "Ben ilahî adaleti tesis için Ömer bin Hattab'ı[ra] örnek alıyorum." demiştir. Çünkü Hz. Ömer[ra] de kendi oğluna had cezası vermiş biridir.

Hz. Ömer'in[ra] Abdurrahman ismindeki oğlu Mısır'da iken, başka bir arkadaşıyla şeytana uyup bir defa şarap içmiş ve ardından hemen pişman olup, hem kardeşi Abdullah'a[ra], hem de Mısır valisi Amr b. Âs'a[ra] gitmiş ve haddi tatbik ederek kendisini temizlemesini istemiştir. Amr b. Âs[ra], kendisine evinin avlusunda sopayla haddi tatbik etmiştir. Ancak kardeşi Abdullah[ra], konuyu babasına da duyurmayı uygun görmüştür.

Olayı duyan Hz. Ömer[ra], Vali Amr b. Âs'a[ra] haber göndererek oğlunu kendisine göndermesini istemiştir. Vali: "Allah'a yemin ederek Hz. Ömer'in oğlu Abdurrahman'a bir ayrıcalık yapmadığını, herkes için cezanın tatbik edildiği bir yer olan evinin avlusunda bu cezayı tatbik ettiğini" belirten bir mektubu, Abdullah b. Ömer[ra] vasıtasıyla göndermiş ise de, Hz. Ömer[ra] oğlunun yanına gönderilmesinde ısrar etmiş ve nihâyet gönderilmiştir.

Hz. Ömer[ra] hasta ve bitkin bir vaziyette olan oğluna tekrar haddi tatbik etmek istemiş, fakat Abdurrahman b. Avf[ra]: "Had bir defa tatbik edilmiş." diyerek, ikinci kez haddin uygulanmaması için ricada bulunmuştur. Ancak Hz. Ömer[ra], daha önceki had şekline iltimas karışmış olabilir düşüncesiyle, bir daha haddi tatbik etmiştir.[27]

Çünkü inandığı davada kendisini feda etmeyenlerin davası yükselmeyecektir. İnandığı davada inandığı gibi yaşamayanların lafları sadece guftu gu, dedikodu ve yalan olarak kalacaktır. Allah inandığı davada Hz. Ömer[(ra)] gibi olmayı hepimize nasip etsin...

Bir gün Şam valisi Ebû Ubeyde bin Cerrah[(ra)], Hz. Ömer'e[(ra)] bir mektup gönderdi ve: "Ya Ömer! Burada iki müslüman içki içti. Had cezası uyguladım. Ama içkiden dönmüyorlar, ne yapayım?" dedi. Hz. Ömer[(ra)], Ebû Ubeyde'ye[(ra)]: "Şahitleri topla ve onlara sor: 'İçki helal mi? Haram mı?' Eğer içki helal derlerse onlara gerekeni yap. Çünkü artık mürted olmuşlardır. Ama içki haram derlerse onlara tekrar bir had uygula ve onları geri sal!" diye cevap yolladı. Hz. Ömer'in[(ra)] öyle bir adalet sistemi vardı ki binlerce kilometre ötedeki insanlar bile ondan fikir alıyor, üstün aklına ihtiyaç duyuyorlardı. Zîra mesafe ne kadar uzak olursa olsun orada yaşayanlar hata ettikleri anda Hz. Ömer'in[(ra)] adaleti sağlayacaklarına böylesine inanmışlardı.

Aynı Hz. Ömer[(ra)] hilafet döneminde valilerine de sık sık haber ulaştırmış ve onlara: "Eğer benim ailemden, akrabalarımdan birisi ziyaret veya ticaret için yanınıza gelir ama siz onlara normal halk gibi davranmaz, farklı muamele de bulunursanız sizi azlederim." demişti.

Şimdi ise Ömer[(ra)] öldü, adalet öldü...

NÛŞİREVÂN KISSASI

İskenderiye'de yaşayan Yahûdi bir tüccar, Vali Ebû Vakkâs'ın(ra) adil olmayan bir kararına itiraz eder. Lâkin nafile! İtirazı kabul görmez. Adaletsizlikten yakınan tacire, Medine'ye gidip Halife Ömer'i(ra) bulması ve derdini anlatması tavsiye edilir. Medine'ye varan tacir, Halife Ömer'i(ra) eski püskü kıyafetler içinde, bir hurma ağacının altında, ateşin başında uyurken bulur ve şaşırır. Usulca Hz. Ömer'i(ra) uyandırıp, derdini anlatır. Hz. Ömer(ra) tüccarın lafını yarıda kesip ateşin içinden bir köz parçasını alır ve kâğıdı karalar. Kâğıdı tacire verir ve İskenderiye Valisi Ebû Vakkâs'a(ra) teslim etmesini, aradığı adaleti bulacağını söyler. Tüccar Medine'ye gittiğini ve Hz. Ömer'in(ra) kendisine bir kâğıt gönderdiğini söyleyip notu Vali'ye teslim eder. Vali Ebû Vakkâs(ra) notu okur ve büyük bir korkuya kapılır.

Ebû Vakkâs'ın(ra) notu okuduktan sonra korkuya kapılma sebebi ise şudur: İslâmiyet'ten önce

Hz. Ömer'in[ra] deve çobanlığı yaptığı dönemde, Ebû Vakkâs[ra] ve Hz. Ömer[ra] ticaret için İran'daki Sâsânî memleketine gider. Şehre vardıktan sonra, Hz. Ömer[ra] ve Ebû Vakkâs'ın[ra] atı, altınları gasp edilir. Hz. Ömer[ra]: "Nasıl olur? Gece vakti bizim altınımız, atımız nasıl çalınır?" deyince etraftakiler: "Ey Ömer! Buranın hükümdarı, Nuşirevan-ı Âdil'dir. Git derdini ona anlat!" derler. Bunun üzerine Hz. Ömer[ra] hükümdarın karşısına çıkar ve parasının çalındığının söyler. Duydukları karşısında Nuşirevan: "Ey Ömer! Madem paran çalınacaktı, neden uyudun?" diye sorar. Hz. Ömer[ra] ise ona: "Ben Nuşirevan'ı uyanık sandım da ondan uyudum." diye karşılık verir. Bunun üzerine hükümdar Hz. Ömer[ra] ve Ebû Vakkâs'ın[ra] geceyi şehirde geçirmelerini, ertesi gün birinin doğu ötekinin de batı kapısından şehri terk etmelerini, aradıkları adalete kavuşacaklarını söyler. Mallarla ilgili tek söz yoktur. Hz. Ömer[ra] ve Ebû Vakkâs[ra] umutsuzluk içinde geceyi geçirir. Ertesi sabah biri doğu, öteki batı kapısına yönelir. Kapının birisinde Nuşirevan'ın oğlunun kellesi, diğerinde de hem paralar hem de hancının kellesi vardır. Meğer onların mallarını çalan Nuşirevan'ın oğlu ile hancı imiş ve adil hükümdar adaleti bu şekilde tesis etmiş.

Hz. Ömer[ra] yaşadıkları haksızlık karşısında sergilenen adalete Ebû Vakkâs[ra] ile beraber şahit olduğu için gün gelmiş Vali Ebû Vakkâs'ın[ra] Yahûdi tüccara karşı yaptığı haksızlığa da bir yazı ile cevap vermiştir ve o kâğıtta şu yazmaktadır: "Ey

Sa'd! Şüphesiz ki ben, Nuşirevan'dan daha az adil değilim."

Velhasıl ortada bir haksızlık varsa herkes başına sahip çıkmalıdır. Zira Ömer[ra] böyle bir Ömer'dir[ra]. Bu ölçülerden sonra insanda biraz iman varsa Hz. Ömer'in[ra] bu duruşuna karşı söylenmesi gereken tek sözün: "Semi'na ve Eta'na - İşittik ve itaat ettik." olması lazımdır.

YAŞLI KADIN

Hilafet döneminde gençler Hz. Ömer'in[ra] yanına gelir ve: "Medine kadınları mehirde birbiriyle yarışır oldu. Biz artık evlenemiyoruz. Uyarıda bulunsan olmaz mı?" derler. Bunun üzerine Hz. Ömer[ra] cemaati toplayıp: "Ey kadınlar! Duydum ki siz ödenmekte zorlanılacak ölçüde mehir istiyormuşsunuz. Bundan sonra mehir oranlarını bir miktarda sınırlıyorum." deyince cemaatten ihtiyar bir kadın: "Yavaş ol ey Ömer! Sen Nisâ Suresinde bize verilmiş hakkı unuttun mu? Allah[cc] demiyor mu: 'Kantar kantar onlara mehir verseniz onlardan bir şey geri almayın.' diye" der.[28] Hz. Ömer[ra]: "El vakkaf indel hak / Hak mevzu bahis olunca hemen hakkın yanında duran" adamdır. O ihtiyar kadının söyledikleri karşısında başını ellerinin arasına koyar: "Esabet imraetün ve ahta Ömer! / Kadın isabet etti, Ömer ise hata etti!" der ve ekler: "Ey Ömer! Bir yaşlı kadın kadar dinini bilmiyorsun!"

Bu konuşmadan sonra Hz. Ömer(ra) geri döner, tekrar minbere çıkar ve şunları söyler: "Ey insanlar! Kadınlara dört yüz dirhemden fazla mehir vermekten sizi sakındırmıştım. (Şimdi bu görüşümden rücû etmiş bulunuyorum.) Kim malından mehir olarak gönül hoşnutluğuyla daha fazlasını vermek isterse versin."[29]

Var mı şimdi böyle civanmert insanlar? Hatası yüzüne söylenildiğinde: "Evet, ben o hata edendim." diyenler kaldı mı? Yoksa şimdi yalan ve tevillerle hatalarını süsleyenler mi var? Biz hangisiyiz ve terazinin neresindeyiz?

CÜBBE

Hz. Ömer(ra), bir savaş sonrası ganimetleri taksim etmiş ve herkese bir parça kumaş düşmüştü. Fakat bu kumaş tek başına bir işe yaramıyordu. Bunun üzerine oğlu Abdullah(ra), babasına: "Bu kumaş tek başına ne benim, ne de senin işine yarıyor. Ben hakkımı sana vereyim de kendine güzel bir elbise yaptır." dedi.

Hz. Ömer(ra) de oğlunun hediyesini kabul ederek bir elbise yaptırdı. Hz. Ömer(ra) birkaç gün sonra, üzerindeki yeni elbise ile konuşma yapmak için minbere çıktı. Minberde: "Ey mü'minler! Beni dinleyin ve bana uyun." dedi. Bunun üzerine arka saflardan biri itiraz etti ve: "Ey Ömer! Biz Allah'a(cc) itaat ederiz ama Ömer'in sözünü dinlemeyiz!" dedi. Hz. Ömer(ra) ona bunun nedenini sorunca adam sebebi şöyle izah etti: "Sen hepimize ganimet taksiminde bulundun. Bizlerden hiçbirine elbise diktirecek kadar bir kumaş düşmedi, herkese yarım cübbe çıktı. Ama görüyorum ki senin üzerinde tam cübbe var.

Sendeki bu tam cübbe nereden geliyor? Ben böyle bir insanın sözünü dinlemem." dedi. Hz. Ömer(ra), cemaat arasında bulunan oğlu Abdullah'a(ra) işaret etti. Hz. Abdullah(ra) kalkıp: "Vallahi yarım cübbe bana, yarım cübbe babam Ömer'e gelince ben: 'Babacığım bunu birleştirelim de bari sen tam bir cübbe giy!' dedim. Babamın ondan sonra tam bir cübbesi oldu." diye durumu izah etti. Bu izahtan sonra itiraz eden sahâbe tekrar ayağa kalktı ve: "Şimdi konuş, ey Mü'minlerin Emiri! Şimdi dinliyor ve sana itaat ediyorum." dedi.[30] Başta Ömer(ra) diye hitap eden sahâbe, olayı anlayınca: "Ey Emîrü'l-Mü'minîn!"diye hitap etti.

Günümüzde birçok insan mücadele etmeden mücadele eden insanların yaptıklarını sorgular hale gelmiş. Ama bizler yaşanan bu hadiseden de anlıyoruz ki bir kişinin karşısındakini sorgulayabilmesi için önce kendisinin de aynı işleri yapması, elini taşın altına koyanlardan olması gerekir. Yoksa onunki haklı bir sorgulamadan ziyade haksız ve yersiz bir eleştiri olur. Zira bu vakada Hz. Ömer'i(ra) sorgulayan sahâbe onunla aynı mecliste, aynı savaşlarda, aynı mücadelede olan bir kişidir. Yani 'sormanın' söz hakkı aynı işleri yapanlardadır. Bizler inşallah bir gün bu iki ince çizgiyi tekrar yakalar, makamından dolayı birinin karşısında el pençe durarak dalkavukluk yapmak yerine o makamda bulananın karşısına dikilip hakkı sorabilecek kadar civanmert insanlardan oluruz.

MUVÂFAKAT-I ÖMER

Muvâfakat "uygunluk" demektir ve Hz. Ömer'in[ra] yaşadığı bazı hadiseler üzerine ayetler inince Hz. Ömer[ra] bu durumu: "Üç noktada Rabbimin[cc] görüşüne uydum!" şeklinde aktarmıştır. Kendisi İslâm'ın edebini öyle güzel almış ki: "Ömer söyledi, Allah[cc] ayet indirdi!" bile dememiştir. "Ömer, Rabbinin[cc] görüşüne isabet etti." diye düşünmüştür.

Hz. Ömer[ra] için oğlu Abdullah[ra]: "Ömer'in[ra] bir şey için: 'Zannederim bu şöyle olmalıdır.' deyip de onun zannettiği şekilde hasıl olmadığı vaki değildir." demiştir.[31] Yine Hz. Abdullah[ra] bizlere, ortaya çıkan bir meselede herkes görüş beyan ederken, babası başka bir görüş beyan edecek olsa meseleyle alâkalı olarak gelen âyetin her seferinde Hz. Ömer'i[ra] te'yid ettiğini bildirmiştir.[32]

Hz. Ömer'in[ra] Rabbinin görüşüne isabet ettiği hadiselerden birisi şöyledir: Efendimiz[sav], Hz. Ömer[ra] ile birlikte bir gün Makam-ı İbrahim'in bulunduğu yere gitmiştir. Bu makam, Hz. İbrahim'in[as] Kâbe'yi inşa ederken üzerine çıkıp duvar ördüğü ve insanları haccetmeye çağırdığı önemli bir yerdir. Hz. Ömer[ra], geçmişte mühim olaylara sahiplik etmiş bu makamın, insanların mağfiret dileyebilecekleri bir ibadet mahalli olmasını arzu etmiş ve Efendimiz'e[sav]: "Burayı namazgâh edinemez miyiz?" diye sormuştur. Efendimiz[sav] ise kendisine Allah'tan[cc] böyle bir emir almadığını beyan etmiştir.

Bu olay üzerine Bakara Sûresinin 125. Ayet-i kerimesi nazil olmuştur. "Biz, Beyt'i (Kâbe'yi) insanlara toplanma mahalli ve güvenli bir yer kıldık. Siz de İbrahim'in makamından bir namaz yeri edinin (orada namaz kılın). İbrahim ve İsmail'e: 'Tavaf edenler, ibadete kapananlar, rükû ve secde edenler için Evim'i temiz tutun.' diye emretmiştik." Böylece Hz. Ömer'in[ra] bu arzusu ilahi vahiy ile desteklenmiştir.

Hz. Ömer'in[ra] muvâfakat ettiği diğer bir olay, ezvâc-ı tâhirâtın Rasûlullah'a[sav] olan kıskançlıkları hakkında meydana gelmiştir.

Efendimiz[sav] her gün ikindi namazı sonrası eşlerinin odalarını dolaşır, her birine eşit zaman ayırmaya özen gösterirdi. Âdeti olduğu üzere eşlerinin odalarını gezdiği bir günde Efendimiz[sav], Zeynep b. Cahş'ın[ra] kendisine bal şerbeti ikram etmesi sebebiyle onun yanında daha fazla kaldı. Bu durumu kıskanan Hz. Aişe[ra] ve Hz. Hafsa[ra] aralarında anlaşıp Peygamber[sav] yanlarına geldiğinde ağzından meğafir (ağaçtan akan şıra) kokusu geldiğini söylemeye karar verdiler.

Ağız temizliğine ve güzel koku sürünmeye önem veren Efendimiz[sav] eşlerinin, ağzından meğafir kokusu geliyor, demelerinden dolayı üzüntü duydu ve bir daha bal şerbeti içmemeye yemin etti.

Bunun üzerine Efendimiz'e[sav] Tahrîm Suresinin ilk ayeti nazil oldu ve Efendimiz[sav] eşlerinin rızasını gözetmek maksadıyla Allah'ın[cc] helal kıldığı şeyi kendisine haram kılmaması hususunda uyarıldı. Resûlullah'ın[sav] hanımları sebebiyle sıkıntıya düştüğünü öğrenen Hz. Ömer[ra] ise, Efendimiz'in[sav] hanımlarına teker teker gidip nasihatte bulundu ve onları: "Resûlullah[sav] şâyet sizi boşayacak olursa Allah O'na[sav] sizden hayırlısını verir." diyerek ikaz etti. Bu ikazların en şiddetlisini de kızı Hafsa'ya[ra] yaptı.

Hz. Ömer'in[ra] bu ikazının üzerine: "Eğer o sizi boşarsa, Rabbi ona, sizden daha hayırlı, müslüman, inanan, sebatla itaat eden, tövbe eden, ibadet eden, oruç tutan, dul ve bakire eşler verebilir." âyeti nazil oldu.[33]

Bu âyetin Hz. Ömer'in[ra] sözleri ile birebir uyumlu gelmesi onun vahiy gelmeden önce murad-ı İlâhiyi anlama hususunda ne kadar isabetli olduğunu göstermektedir.

Hz. Ömer'in[ra] muvâfakat olarak zikrettiği son husus ise hicâb (örtü) hakkında gelmiştir. Bir gün

Hz. Ömer(ra), Efendimiz'e(sav): "Ey Allah'ın Resûlü(sav), iyi - kötü birçok insan seni ziyaret ediyor. Hanımlarına örtünmelerini emretsen." demiştir. Başka bir hadise göre de Hz. Ömer(ra) mü'minlerin annelerine: "Eğer sizinle ilgili söylediklerim kabul edilirse gözlerim sizi bir daha görmeyecek!" buyurmuştur. Bunun üzerine hicâb ayeti inmiş ve Hz. Ömer'in(ra) basireti bir kez daha gözler önüne serilmiştir.

"Ey iman edenler! Size izin verilmedikçe Peygamberin evlerine girip de yemeğin hazırlanmasını beklemeyin; fakat yemeye çağırıldığınızda girin; yemeğinizi yiyince de hemen dağılın, söze dalıp oturmayın. Bu davranışınız Peygamberi rahatsız ediyor, size söylemeye çekiniyor, oysa Allah hak olanı açıklamaktan çekinmez. Peygamber hanımlarından bir şey istediğinizde, onlar perde arkasında iken isteyin; bu sizin kalplerinizin de onların kalplerinin de temiz kalması için en uygunudur. Resûlullah'ı üzmeye hakkınız yoktur, kendisinden sonra ebedî olarak eşleriyle de evlenemezsiniz, sizin bunu yapmanız Allah katında büyük bir günahtır."[34]

MUHADDESUN

Mekke'de Müslümanlar ibadetlerini gizli yaptıklarından orada namaza açıktan davet etmek gibi bir durum söz konusu değildi. Ancak, Medine'ye hicretten sonra durum tamamıyla değişmişti. Orada dinî serbestiyet vardı ve Müslümanlar rahatlıkla ibadetlerini yerine getirebiliyorlardı. Mescid-i Nebevî inşâ edilmiş fakat, Müslümanları namaz vakitlerinde bir araya toplayacak bir davet şekli henüz belirlenmemişti. Müslümanlar gelip vaktin girmesini bekliyor, namazlarını vakit girince edâ ediyorlardı.[35]

Bunun üzerine Efendimiz(sav) bir gün Ashâb-ı Kirâm'ı toplayarak kendileriyle nasıl bir dâvet şekli tesbit etmeleri gerektiği hususunda istişâre etti. Sahâbelerin bazıları, Hristiyanlarda olduğu gibi çan çalınmasını, diğer bir kısmı Yahudiler gibi boru öttürülmesini, bir kısmı da Mecusilerinki gibi namaz vakitlerinde ateş yakılıp, yüksek bir yere götürülmesini teklif etti. Efendimiz(sav), bu tekliflerin hiçbirini beğenmedi.[36] O sırada Hz. Ömer(ra) söz aldı: "Ya Resûlullah(sav)! Halkı namaza çağırmak için neden bir adam göndermiyorsunuz?" diye sordu. Efendimiz(sav) o anda Hz. Ömer'in(ra) teklifini uygun gördü ve Hz. Bilâl'e(ra): "Kalk yâ Bilâl, namaz için seslen." diye emretti. Bunun üzerine Hz. Bilâl(ra) bir müddet Medine sokaklarında: "Esselâ, Esselâ (Buyurun namaza! Buyurun namaza!)" diye seslenerek, Müslümanları namaza çağırmaya başladı.[37]

Aradan fazla bir zaman geçmeden ashâbdan Abdullah bin Zeyd(ra) bir rüya gördü. Rüyasında, bugünkü ezan şekli kendisine öğretildi. Hz. Abdullah(ra) sabah uyanır uyanmaz, sevinç içinde gelip rüyasını Efendimiz'e(sav) anlattı. Efendimiz(sav) de: "İnşallah bu gerçek bir rüyadır." buyurarak davetin bu şeklini onayladı.[38]

Hz. Abdullah(ra), Efendimiz'in(sav) emriyle ezan şeklini Hz. Bilâl'e(ra) öğretti. Bundan sonra Hz. Bilâl(ra), yüksek ve gür sadasıyla Medine ufuklarını ezan sesleriyle çınlatmaya başladı:

"Allahü ekber, Allahü ekber!

Allahü ekber, Allahü ekber!

Eşhedü en lâilâhe illallah!

Eşhedü en lâilâhe illallah!

Eşhedü enne Muhammede'r-resûlullah!

Eşhedü enne Muhammede'r-resûlullah!

Hayye âle's-salâh, Hayye âle's-salâh!

Hayye âle'l felâh, Hayye âle'l felâh!

Allahü ekber, Allahü ekber!

Lâilâhe illallah!"

Medine sokaklarının bu sadâ ile çınladığını duyan Hz. Ömer[ra], heyecan içinde evinden çıkarak, Efendimiz'in[sav] huzuruna vardı. Durumu öğrenince: "Ya Resûlullah[sav]! Seni hak dinle gönderen Allah'a yemin ederim ki, Abdullah'ın gördüğünün aynısını ben de görmüştüm." dedi. Biraz sonra birkaç kişi daha geldi, aynı rüyayı gördüklerini söylediler. Efendimiz[sav] ise birkaç kişinin aynı şeyi görmesinden dolayı Allah'a hamd etti.[39]

Efendimiz[sav] bir hadîs-i şerifinde: "Şüphesiz sizden önceki ümmetlerde muhaddesûn (ilhama mazhar) denilen kimseler vardı. Eğer benim ümmetimde de ilhama mazhar bir tek kişi varsa, şüphesiz o Ömer'dir."[40] buyurmuştur. Muhaddis konuşan; muhaddes de kendisi ile konuşulan, ona ilham gelen demektir ve Hz. Ömer[ra] bu ve benzeri olaylarda ümmetin içerisinde ilhama mazhar kişilerden olmuştur.

Peki, Hz. Ömer'in[ra] bütün hayatı böyle mi geçmiştir? Hayır, bazen de perde kapanmış ve aynı Ömer[ra] Hudeybiye'de: "Böyle fetih mi olur?" diyerek direnmiştir. Hicretin altıncı yılında Müslümanlar Kâbe'ye girecekken müşrikler izin vermeyince "Hudeybiye" adında bir barış antlaşması imzalanmıştır. O antlaşmaya göre de Müslümanların o gün

Umre veya Hac yapmayıp geri dönmesi kararı alınmıştır.

Kendi âleminde, böylesine ağır şartlara evet demenin bir türlü izahını bulamayan Hz. Ömer(ra), huzura varmadan edememiş ve Efendimiz'e(sav): "Sen Allah'ın(cc) hak peygamberi değil misin?" diye sormuştur. Efendimiz(sav), "Evet, ben Allah'ın(cc) peygamberiyim." buyurmuş, sonra da aralarında şöyle bir konuşma hasıl olmuştur:

"Biz Müslümanlar hak, düşmanlarımız olan müşrikler ise bâtıl üzere bulunmuyorlar mı?"

"Evet, öyledir."

"Bu halde dinimizi küçük düşürmeye niçin meydan veriyoruz?"

"Ey Hattab'ın oğlu, ben Allah'ın(cc) kulu ve Resûlüyüm. Allah'ın emirlerine aykırı harekette bulunamam. Bu muâhede maddelerini kabul etmekle de Allah'a isyan etmiş değilim. O(cc), beni hiçbir zaman zarara uğratmayacaktır."

"Sen bize Allah'ın nusret buyuracağını, gidip Kâbe'yi hep beraber tavaf edeceğimizi vaad etmiş değil miydin?"

"Evet, vaad etmiştim. Ancak, bu yıl gidip tavaf edeceğimizi söylemiş miydim?"

"Hayır!"

"O halde tekrar ediyorum: Sen muhakkak Mekke'ye gidecek ve Kâbe'yi tavaf edeceksin."[41]

Hz. Ömer[(ra)], buna rağmen iç âleminde kabarmış duygularını teskin edememiş ve bu sefer Hz. Ebû Bekir'in[(ra)] yanına gitmiştir. Onunla da aralarında şu konuşma gerçekleşmiştir:

"Ey Ebû Bekir, bu Zât[(sav)], Allah'ın[(cc)] hak peygamberi değil midir?"

"Evet, o Allah'ın[(cc)] hak peygamberidir."

"Peki biz Müslümanlar hak üzere, düşmanlarımız ise bâtıl üzere değiller mi?"

"Evet, bizler hak üzereyiz, düşmanlarımız ise bâtıl üzeredirler!"

"O halde, dinimizi küçük düşürmeye niçin meydan veriyoruz?"

"Ey Ömer! O[(sav)], Allah'ın Resûlüdür[(sav)]. Bu muâhedeyi yapmakta Rabbine[(cc)] asi olmuş değildir. Allah[(cc)] O'nun[(sav)] yardımcısıdır. Sen, O'nun[(sav)] emrine itaat et!"

"O[(sav)], bize Medine'de; 'Beyt-i Şerife varacağız, tavaf edeceğiz.' demedi mi?"

"Evet ama sana 'Beytullah'a bu yıl gidecek ve tavaf edeceksin.' diye mi haber verdi?"

"Hayır!"

"Sen, muhakkak, yakın bir zamanda Beytullah'a gidecek ve onu tavaf edeceksin." dedi.[42]

Yaşanan bu hadise üzerine Fetih sûresinden: "Şüphesiz biz sana apaçık bir fetih verdik." âyeti inmiş ve bu âyetten sonra Hz. Ömer(ra) ömür boyu o söylediklerinin hacâletini içinde taşıdığını söylemiştir.

Hz. Ömer(ra), o günkü halet-i ruhiyesini ve sonradan duyduğu nedâmeti bizlere şöyle anlatmıştır: "Ben, hiçbir zaman o günkü gibi bir musibete uğramadım. Peygamber'e(sav) hiçbir zaman başvurmadığım bir biçimde başvurmuştum. Eğer o gün, kendi görüşümde bir topluluk bulsaydım, bu musâlaha ve muâhede yüzünden hemen bunların içinden ayrılır, onların yanına varırdım. Nihâyet, Allah Teâla, işin sonunu hayır ve rahmet kıldı. Resûlullah(sav) ise, işin böyle olacağını çok iyi biliyordu. O gün, Resûlullah'a(sav) karşı sarf etmiş olduğum sözlerimden duyduğum korkudan dolayı, neticenin hayır olmasını ümit ederek oruçlar tutmaktan, sadakalar vermekten, namazlar kılmaktan ve köleler azâd etmekten geri durmadım."[43]

Hudeybiye'deki o zorlu antlaşma sürecinden çok kısa bir süre sonra o zamana kadar iman edenlerin iki katı kadar kişi iman etmiştir ve Hz. Ömer(ra), Hudeybiye'nin müspet sonuçlarını ancak zamanı geldiğinde görmüştür. Demek ki bazı hadiselerde ilhama mazhar olan Hz. Ömer(ra) burada mazhar olamamıştır.

Hz. Ömer'in(ra) bu hali şu misale benzer; Hz. Yakup'tan sorulmuş ki: "Niçin Mısır'dan gelen gömleğinin kokusunu işittin de, yakınında bulunan Kenan Kuyusundaki Yusuf'u görmedin?" Cevaben demiş ki: "Bizim halimiz şimşekler gibidir; bazan görünür, bazan saklanır. Bazı vakit olur ki, en yüksek mevkide oturup her tarafı görüyoruz gibi oluruz. Bazı vakitte de ayağımızın üstünü göremiyoruz."[44]

HÂLİD BİN VELÎD'İN (R.A.) GÖREVDEN AZLEDİLMESİ

Yermük Savaşı zamanı Halife Hz. Ebû Bekir⁽ʳᵃ⁾ vefat eder ve yerine Hz. Ömer⁽ʳᵃ⁾ halife olarak geçer. Hz. Ömer⁽ʳᵃ⁾ hilafete gelir gelmez Hâlid b. Velîd'e⁽ʳᵃ⁾ bir mektup gönderir. Yermük'te saf tutmuş iki ordu savaşın başlamasını beklerken komutan Hâlid'e⁽ʳᵃ⁾ Halife Ömer'den⁽ʳᵃ⁾ ulaşan mektupta: "Hz. Ebû Bekir vefat etti ve beni de bu zor görev ile vazifelendirdi. Artık ben İslâm'ın ikinci halifesiyim. Ey Hâlid! Mektubum sana ulaşınca ordu komutanlığını Ebû Ubeyde b. Cerrâh'a devret, sen de onun emrinde sıradan bir asker ol."[45] yazar. Böylece Hz. Ömer⁽ʳᵃ⁾ gönderdiği mektup ile Hâlid b. Velîd'i⁽ʳᵃ⁾ başkomutanlıktan azleder. [46] Hâlid b. Velîd⁽ʳᵃ⁾, savaş öncesinde kendine gelen mektubu gizler, Yermük savaşını müthiş bir taktik ile kazanır. Savaşın bitiminde Ebû Ubeyde b. Cerrâh'ın⁽ʳᵃ⁾ yanına gider, ona mektubu uzatır ve özür diler. Ebû Ubeyde⁽ʳᵃ⁾ mektubu okuyunca, Hâlid'e⁽ʳᵃ⁾ döner ve: "Ey Hâlid! Özrün ne gereği var. Vallahi!

Sen olması gerekeni yapmışsın." der. Neticede yenilmez komutan Hâlid b. Velid[ra], büyük komutan Ebû Ubeyde'nin[ra] emri altında sıradan bir asker olarak bir süre devam eder. O esnada birisi imalı şekilde: "Ey Hâlid! Ömer seni neden azletti?" diye sorunca Hâlid[ra] onu anında sustrur ve: "Korkmayın! Ömer baştayken fitne çıkmaz." der. Bu, insan aklının alabileceği normal bir durum değildir. Kolay kolay da hiç kimse bu durumu kabullenmez. Bu, ancak Hâlid[ra] gibi kim için ve ne için savaştığını bilen yiğitlerin sergileyebileceği bir tavırdır.

Peki, Hz. Ömer[ra] neden böyle bir şey yapar? Çünkü fetihler gerçekleştikçe halktan: "Hâlid varsa zafer vardır!" cümlelerini duymaya başlar. İnsanların itikadının: "Allah[cc] varsa zafer vardır." olması gerektiği halde zaferler Hâlid bin Velîd'den[ra] bilinince Hz. Ömer[ra]: "Bu Hâlid'e de toplumun inanışına da zararlıdır!" diyerek bir haber gönderip onu komutanlıktan azlettirir. Bu hadisede, adı cihanda duyulmasına, yer adıyla titremesine rağmen Hâlid[ra] gibi yenilmez bir komutanı azletmek nasıl cesaretse; Allah'ın kılıcı Hâlid[ra] gibi komutanlıktan sıradan bir erliğe geçmeyi kabul etmek de öyle büyük bir cesaret ve kahramanlıktır. Zira iki sahâbenin yaptığı da akıl alır gibi bir hadise değildir. Bu hadiseyi anlayanlar tevhidin ne demek olduğunu, mahiyetini de çok iyi anlayacaktır.

Günümüzde birçok vazifede başta: "Etim de sizin kemiğim de!" diye gelenler aradan biraz za-

man geçip ufacık bir olay yaşadıklarında sırt dönüp gidiyorlar. İşte onlarda sahâbelerin fütüvvet
ruhunun nümunesi olmadığından, onlar bu konuştuklarımızı da çok güç anlayacak ya da hiçbir
zaman anlamayacaktır. Zira insanın insana eti, kemiği değil; ağzından çıkan sözü tutması, sadâkatli
olması lazımdır. Bizlerin böyle büyük işlere küçük
adımlardan gidileceğini artık anlamamız gerekiyor.

Otuz beş savaşa katılmış ve tüm savaşları kazanmış yenilmez bir komutan olan Hâlid b. Velîd[ra]
bir gün yataklara düşer ve ölüm döşeğindeyken
arkadaşı Saîd ibni Zeyd'e[ra]: "Ben her savaşa düğün
gibi dönmek için değil ölmek için giderdim. Vücudumda kılıç darbesi yememiş bir parça yok. Ben ki
şimdi deve gibi burnumun üstüne düşmüş ölüyorum. Korkakların evi yıkılsın! Ben şimdi korkaklar
gibi yatakta ölüyorum!" diyerek dert yanar. Sonra
da: "Evladım, bana kalan altımdaki at ve kılıcım.
Bunlar da bendeyken Allah'a[cc] yürümek istemiyorum. Kabrimi o kılıçla kaz. Zira kahramanlar kılıç
sesinden hoşlanır. Sonra atımı, kılıcımı alıp Ömer'e
teslim et. O ne yapacağını bilir." diyerek vasiyetini
verir. Hz. Hâlid'in[ra] vefatından sonra vasiyeti gereği emanetler Halife Ömer'e[ra] teslim edilir. Hz.
Ömer[ra] kılıçla atı alınca: "Ya Hâlid! Vallahi yiğit
olduğunu biliyordum ama bu kadarını bilmiyordum." der.[47]

Başta Ömerler[ra] olunca komutanlar da Hâlid[ra]
gibi yenilmez yiğit olur. Hâlid[ra] gibi yiğitler ol

dukça da başta Ömer[ra] gibi adalet timsali insanlar olur. Zira biri olmadan diğeri doğmuyor, biri doğmadan diğeri olmuyor...

H Z. Ö M E R (R.A.)

AYYÂŞ BİN REBİA (R.A.)

z. Ayyâş(ra), İslâm davetine ilk uyan bah-
tiyarlardandı. Efendimiz'in(sav), İlahî dini
ilan ettiği ilk günlerde nurdan halkaya
katılanlar arasında o da vardı. Müşriklerin işkence-
lerinden dolayı Habeşistan'a hicret eden ikinci ka-
filede hanımı Esmâ(ra) ile beraber o da bulunuyor-
du. Tekrar Habeşistan'dan döndüklerinde ise ikinci
bir hicret olan Medine'ye yolculuk başlamıştı.[48]

Efendimiz(sav) o dönem henüz Mekke'de bulu-
nuyordu ama mü'minlere Medine'ye hicret etme-
leri için izin vermişti. Mekke'den ilk ayrılanlardan
Hz. Ömer(ra), müşriklerin şaşkın bakışları önünde
Kâbe'de iki rekât namaz kıldıktan sonra: "Anasını
ağlatmak, hanımını dul bırakmak ve çocuklarını
yetim koymak isteyen varsa, şu vadinin arkasına
gelsin, bana kavuşsun!" diye meydan okuyarak yola
çıktı. Hz. Ayyâş b. Ebî Rebîa(ra) ve Hz. Hişâm bin
Âs(ra) da ona arkadaşlık etti. Daha sonra kendilerine
katılanlarla birlikte yirmi kişilik bir kafile Medine

65

yolunu tuttu. Hz. Ayyâş[ra], Ebû Cehil'in ana bir kardeşi ve Hz. Ömer'in[ra] ise hala oğluydu. Ebû Cehil onun Hz. Ömer'le[ra] hicret yoluna koyulduğunu öğrenince diğer kardeşi Hâris b. Hişâm'ı da yanına alarak peşlerine düştü ve onlara Medine'de yetişti. Kurduğu sinsi planla Hz. Ayyâş'ı[ra] kandıracak, tekrar getirecek ve işkenceye tâbi tutacaktı. Ebû Cehil, hicret eden Müslümanların yanına gelerek Hz. Ayyâş'ı[ra] buldu. Onun merhamet hissini tahrik etti ve: "Sen gittin diye annem güneşin altında oturmaya yemin etti. Sen gelene kadar eve dönmeyecek, saçına sabun sürmeyecek. Gel, anne katili olma!" dedi. Hz. Ayyâş'ın[ra] yumuşadığını hisseden Hz. Ömer[ra] müdahale etti. Onu uyarmak istedi ve: "Ey Ayyâş! Kanma, vallahi bu bir oyundur. İnanma buna yalan söylüyor. Sabret, az güneş başına vursun; sen sabret az bitlensin. Anan başını da yıkar, içeri de geçer, bütün dediklerinden de vazgeçer." dedi. Ama Ayyâş[ra] annesini çok seviyordu. Onun için de dayanamadı ve: "Ben gideceğim ey Ömer! Annemi görmem, onu bu halden çevirmem lazım!" diyerek Ebû Cehil ile gitmek istedi.[49] Hâlbuki Ayyâş[ra], Allah'ın ve Resûlünün[sav] emrine uyarak hicret etmişti. Ortada açık olarak görünen Allah rızası vardı. Ana baba hakkı daha sonra gelirdi. Orada mevcut bulunan Müslümanlar da gitmesini istemiyorlardı. Ama o yine de gitmekte ısrar etti ve Hz. Ayyâş[ra], yapılan istişareye uymamanın sıkıntısını çekecekti.

Hz. Ömer[ra] Mekke'ye geri dönen Ayyâş'a[ra] giderken devesini verdi ve: "Ey Ayyâş! Al, bu benim

devemdir ve çok hızlıdır. Kandırıldığını düşünür-
sen, bunlar başka plan çevirirse döner gelirsin."
dedi. Ama ne çare! Mekke'ye yaklaştıkları sırada
müşrik desisesi işlemeye başladı. Kardeşleri arka-
larından gelen Hz. Ayyâş'ın(ra) öne sürmesini iste-
diler. Öne geçer geçmez üzerine atıldılar, sımsıkı
bağlayarak onu Mekke'ye götürdüler. Mekkeye
varınca Ebû Cehil, işkenceye başladı. İlk başta yüz
sopa vurdu. Daha sonra da susuz ve ekmeksiz bıra-
karak atalarının dinine dönmesi için onu hapsetti.
Ayyâş'a(ra) altı sene boyunca işkenceler yapıldı ve
Hz. Ömer(ra) bu süre boyunca çok sevdiği dostu için
gözyaşı döktü.[50]

Ebû Cehil, Ayyâş'a(ra) yaptığı işkencelerle hic-
ret etme niyetinde olan diğer sahâbelerin gözünü
korkutmak istiyordu. Hz. Ayyâş(ra) bir hata yapmıştı.
Diğer Müslümanlar ona iyi nazarla bakmıyorlardı.
Onun dininden döneceğinden endişe ediyorlardı.
Fakat sonradan vahyedilen bir âyet-i kerimede,
kendi nefislerine zulmedenlerin affolunacağı bil-
dirildi. Hicretin yedinci yılında Müslümanlar kaza
umresi için Mekke'ye gitmişlerdi. Hz. Ömer'in(ra)
aklında ise yine dostu Ayyâş(ra) vardı. Hz. Ömer(ra),
Kabe'yi gören bir yere oturdu ve kendi nefisleri-
ne zulmedenlerin affolunacağı o âyeti okudu. "De
ki (Allah şöyle buyuruyor): "Ey kendi aleyhlerine
olarak günahta haddi aşan kullarım! Allah'ın rah-
metinden ümit kesmeyin. Allah (dilerse) bütün
günahları bağışlar; doğrusu O çok bağışlayıcı, çok
merhametlidir."[51]

Hz. Ömer[ra] bir yandan âyeti okuyor bir yandan da: "Ah Ayyâş, bu âyeti duysaydın eminim ki seni hiçbir zincir tutamazdı. Bu âyeti duysaydın koşar gelirdin." diyordu. O esnada bir müddet düşünen Hz. Ömer[ra] âyeti bir şeyin üstüne yazarak Ayyâş'a[ra] göndermeye karar verdi. Yaşanan hadiseler ise tam da Hz. Ömer'in[ra] düşündüğü gibi cerayan etti ve Ayyâş[ra] âyeti okur okumaz hemen koşarak dostunun yanına geldi ve ona sarıldı.

Dostluk bir insanın sadece dünyasını değil ahiretini de düşünmeyi gerektirirdi ve Hz. Ömer[ra] gibi bir dost her insana nasip olmazdı. Sizin de Hz. Ömer[ra] gibi imanınıza titreyen, ahiretiniz için çalışan dostlarınız var mı? Eğer öyle dostlarınız yok ama dünyada, dünya menfaatlerinizi sağlayacak çok fazla dostunuz varsa kabrin ötesinde ne işinize yarayacak hiç düşündünüz mü? Zira ne diyordu Üstad Bediüzzaman: "Dünyevî dostlar ve rütbeler kabir kapısına kadardır."

SÜHEYL BİN AMR(R.A.)

Mekke zamanı on üç yıl boyunca İslâm'ın en azılı düşmanlarından birisi de Süheyl bin Amr'dı(ra). Lakabı Hâtibu'l Kureyş yani Kureyş'in Hâtibi idi. Süheyl'in(ra) o derece güçlü dili ve hitabet yeteneği vardı ki Medine'nin ikinci yılında Bedir Savaşı'na geldiğinde her konuşmasıyla müşrikleri galeyana getirmişti. Savaş sonu yetmiş müşrik ölü, yetmişi de esir olarak Müslümanların eline geçmişti. Esirlerden birisi de Süheyl'di(ra). O esir düşünce Hz. Ömer(ra) bayram ederek "Ya Resûlullâh(sav)! Bizim arkamızdan sürekli konuşan Süheyl'i bana ver de şunun dişlerini sökeyim!" diye izin istemişti.[52] Efendimiz(sav), onu Hz. Ömer'e(ra) vermemiş ve: "Süheyl bir gün öyle bir iş yapacak ki sen memnun kalacaksın." demişti. Hz. Ömer(ra) ise içinden: "Süheyl, Ömer'i memnun edecek ne iş yapabilir? Süheyl'den doğru çıkar mı?" diye geçirmişti.

Aradan yıllar geçti, hicretin altıncı yılı oldu ve Kureyşliler ile Müslümanlar arasında Hudeybiye Barış Antlaşması'nın imzalanacağı gün geldi. O gün Kureyşliler Efendimiz[sav] ile görüşmesi için birkaç tane elçi gönderdi ama Efendimiz[sav] onları muhatap almadı. Efendimiz'in[sav] üzerlerine yürüyeceği endişesine kapılan Kureyşliler bu durumdan fazlasıyla korktular ve en son alelacele sulh teklifinde bulunmak gayesiyle O'na[sav] Süheyl bin Amr'ın başkanlığında bir heyet daha gönderdiler. Kureyş müşrikleri üç kişilik bu heyete şu direktifleri verdiler: "Gidin, Muhammed[sav] ile sulh anlaşmasında bulunun. Fakat buradan dönüp gitmek şartıyla. Eğer bu şartı kabul etmezse anlaşmaya yanaşmayın."[53]

Süheyl'in gönderilmesi Kureyşliler tarafından Müslümanların devlet olarak tanındıklarının göstergesiydi ve Efendimiz[sav], Süheyl'in gelişini, isminin "kolaylık" manasını ifade etmesinden dolayı hayra yorarak, sahabelerine: "Artık, işiniz bir derece kolaylaştı! Kureyşliler, sulh yapmak istedikleri zaman hep bu adamı gönderirler."[54] buyurdu.

Kureyş elçisi Süheyl bin Amr, Resûlullah'ın[sav] huzuruna vardı, uzun uzadıya konuştu ve sonra Efendimiz'e[sav] sulh teklifinde bulundu. Efendimiz[sav] sulh tekliflerini kabul ettikten sonra da sulh şartlarının müzakeresi yapıldı. Onlarda da anlaşmaya varıldı ve sıra anlaşma şartlarının yazılmasına geldi. Hz. Ali[ra] musâlahanın şartlarını yazmak üzere kâtip tayin edildi. Efendimiz(sav), Hz. Ali'ye(ra): "Yaz! "Bismillahirrahmanirrahim." dedi.

Süheyl bin Amr, buna itiraz etti. "Biz, Bismillahirrahmanirrahim'i bilmiyoruz. Sen böyle yazma!" dedi. Efendimiz(sav): "Öyle ise nasıl yazalım?" diye sordu.

Süheyl: "Bismike Allahümme, yaz." dedi. Kureyşliler, eskiden beri: "Bismillahirrahmanirrahim" yerine "Bismike Allahümme"yi kullanırlardı. Efendimiz(sav): "Bismike Allahümme de güzeldir." buyurduktan sonra Hz. Ali'ye(ra): "Haydi yaz: Bismike Allahümme." diye emretti. Hz. Ali(ra) de aynı şekilde yazdı.[55]

Bundan sonra Efendimiz(sav), Hz. Ali'ye(ra) şöyle yazmasını emretti: "Bu, Muhammed Resûlullah'ın(sav), Süheyl bin Amr'la üzerinde anlaşmaya varıp sulh oldukları, icabının taraflarca yerine getirilmesi kararlaştırılıp imzaladığı maddelerdir."

Kureyş heyeti başkanı Süheyl yine itiraz etti: "Vallahi, biz senin gerçekten Allah'ın Resûlü(sav) olduğunu kabul edip tanımış olsaydık, Beytullah'ı ziyaretine mani olmaz ve seninle çarpışmaya kalkmazdık." dedi.

Efendimiz(sav): "Peki nasıl yazalım?" buyurdu.

Süheyl: "Muhammed bin Abdullah(sav) diye kendi ismini ve babanın ismini yaz." dedi. Efendimiz(sav): "Bu da güzeldir" buyurduktan sonra, Hz. Ali'ye(ra): "Ya Ali, sil onu. Sil de Muhammed bin Abdullah(sav) yaz." diye emretti.[56] Hz. Ali(ra): "Hayır! Vallahi, ben

Resûlullah[sav] sıfatını hiçbir zaman silemem." diye yemin etti.[57]

Bu arada Müslümanlar da, Efendimiz'e[sav] karşı besledikleri muhabbet ve hürmetlerinin eseri olarak: "Biz, Resûlullah Muhammed'den[sav] başkasını yazdırmayız. Ne diye dinimiz uğrunda bu eksikliği, bu hakareti kabul ediyoruz?" diye yüksek sesle konuşmaya başladılar. Efendimiz[sav], Müslümanlara seslerini kısmalarını ve susmalarını mübârek elleriyle işaret buyurdu. Birden sustular. Bundan sonra Efendimiz[sav] Hz. Ali'ye[ra]: "Bana o sıfatın geçtiği yeri göster." dedi. Hz. Ali[ra], "Resûlullah[sav]" kelimesinin geçtiği yeri gösterdi. Resûl-i Ekrem Efendimiz[sav] de onu eliyle sildi. Yerine ise: "İbni Abdullah (Abdullah'ın oğlu)" kelimelerini yazdırdı.[58] Müşrik heyetinin yukarıdaki itirazları, Müslümanların bu itirazları kabul etmeyişleri ve Efendimiz'in[sav] her iki tarafı yatıştırması sonunda sıra musalaha maddelerinin yazılmasına gelmişti.

Efendimiz[sav] ile müşrik elçiler arasında geçen konuşmalardan sonra karara bağlanan maddelerden mühimleri şunlardır:

1. Müslümanlarla müşrikler, huzur ve emniyet içinde yaşamalarını devam ettirmek için birbirleriyle on yıl harp etmeyeceklerdir.

2. Peygamberimiz[sav] ve sahabeler bu yıl Mekke'ye girmeyip, geri döneceklerdir. Gelecek yıl yanlarına yalnız yolcu silahı olan kılıç bulundurmak şartıyla gelip Kâbe'yi tavaf edecekler ve Mekke'de

ancak üç gün kalacaklardır. Müşrikler ise, o sırada şehri boşaltacaklardır.

3. Medine'deki Müslümanlardan Mekke'ye iltica edenler Müslümanlara iade edilmeyecek fakat Mekke'den Medine'ye velev Müslüman dahi olsalar iltica edenler, istendiği takdirde geri verileceklerdir.

4. Arap kabilelerinden isteyen Peygamberimiz(sav) ile isteyen de Kureyş ile birleşmekte serbest olacaklardır.[59]

Efendimiz(sav) her ne surette olursa olsun Kureyş müşriklerini bir musalaha yazısı ile bağlamak ve bu surette İslâm'ın siyasi kudret ve mevcudiyetini hem onlara hem de bütün Arabistan halkına göstermek ve tanıtmak istiyordu.[60] Bu sebeple, Kureyş heyet başkanı Süheyl'in(ra) zahiren Müslümanların aleyhinde görülen teklif ve maddelerini de kabul ediyordu. Bu inceliği bir anda kavrayamayan ashâb-ı güzin başından beri hem hiddetleniyor hem de zaman zaman itiraz ediyordu. İşte o hiddetlenenler arasında Hz. Ömer(ra) de vardı. Hz. Ömer(ra) o sinirle "Ya Resûlullah(sav)! Ah, bana o gün izin verseydin dişlerini söyseydim şunun da konuşamasaydı!" diyor, Efendimiz(sav) ise ona orada da aynı şeyi söylüyordu: "Ey Ömer! Süheyl bir gün öyle bir iş yapacak ki sen ondan memnun kalacaksın!"

Efendimiz(sav), Hicretin onuncu yılının Zilkâde ayında iken hacca hazırlandı. Veda Haccı'nda Efendimiz(sav) Mina'da saçını kestirirken Hz. Ömer(ra); pir-i fâni, ihtiyar boynu bükük birisinin o saçları topladığını gördü. Hz. Ömer(ra): "Kimdir bu?" diye sorunca etraftakiler: "Ya Ömer! O Süheyl bin Amr'dır." dediler. İlk şaşkınlığı burada yaşayan Hz. Ömer(ra) bir diğer şaşkınlığını da Hz. Ebû Bekir'in(ra) hilafet döneminde yaşadı.

Efendimiz'in(sav) vefatından sonra Hz. Ebû Bekir(ra) halife seçildi ama Sakif bölgesinde Hz. Ebû Bekir'in(ra) halifeliğiyle ilgili ufak bir problem yaşandı. O problem etrafa yayılacağı anda Süheyl bin Amr(ra) Mekke'den gelen kendi arkadaşlarına karşı kılıcını çekti ve: "Ey Mekkeliler! İslâm'a en son giren biz olduk. Şimdi halifeye biatı bozan ilk biz olmayacağız! Halifeye biatı bozan varsa kılıcım karşısındadır!" dedi. Bunu gören Hz. Ömer(ra) ise: "Sadakte ya Resûlullâh(sav)!" dedi ve Efendimiz'in(sav) doğruluğuna bir kez daha şahitlik etti. Böylece, Efendimiz'in(sav) Bedir'de Hz. Ömer'e(ra) söylemiş olduğu söz tahakkuk etti ve Süheyl bin Amr(ra), Hz. Ömer'in(ra) de sevineceği bir makama gelmiş oldu. Günümüzde cehaletin önyargılarına kurban olan Süheyller çok ama o Süheyllerin gönlünü açacak insan yok. O yüzden Allah(cc) yolunda koşturan insanlara çok ihtiyaç var...

ÎLÂ HADİSESİ

Hicretin dokuzuncu senesi, heyetler yılında, insanlar on, yirmi, otuz bin kişilik gruplar halinde gelip kabile kabile iman etmeye başladılar ve bu insanlardan alınan cizyeler, zekatlar sonucunda ortada çok ciddi bir ganimet oluştu. Medine böylesine zenginleşmesine rağmen Efendimiz'in(sav) hayatı ise değişmedi. Hal böyle olunca Efendimiz'in(sav) hanımları: "Zamanında bizden daha fakir olanlar şimdi bizden daha iyi seviyede, bizim üzerimizde ise hâlâ bir elbise bile yok. Bizim de bir parça rahat yaşamaya hakkımız yok mu? Biz en iyisi bir heyet oluşturalım, taleplerimizi yazalım, birisi sözcü olsun Resûlullah'la(sav) konuşalım." dediler. Daha sonra da güzide annelerimiz Efendimiz'den(sav) hanım başı yalnızca bir tane kıyafet istemek için içlerinden Aişe(ra) annemizi sözcü seçtiler. Aradan biraz zaman geçip Aişe(ra) annemiz: "Ben hakkımdan vazgeçtim." deyince diğer annelerimiz: "Tamam sen bilirsin ama bizim isteğimizi Resûlullah'a[sav] ilet." dediler. Aişe[ra] annemiz hanımlarının isteğini Resûlullah'a[sav] söyleyince Efendimiz[sav] çok üzüldü ve bu istekten sonra Mescid-i Nebevi'nin yanında meşrebe diye anılan bir çadıra yerleşip bir ay boyunca hanımlarının yanına gitmemeye söz verdi.[61] Bu hadise karşısında Medine'de Resûlullah'ın[sav] çadırda kaldığını gören herkes hüngür hüngür ağlamaya başladı.

O günlerde Hz. Ömer[ra] Avali bölgesinde teftişte bulunmaktaydı. Haberi duyan İtbân bin Mâlik[ra] gece vakti Hz. Ömer'in[ra] kapısına vurunca, Hz. Ömer[ra] telaşlandı ve: "Ne oldu, Medine'yi Gassaniler mi bastı?" diye sordu. İtbân[ra]: "Yok ey Ömer! Daha kötüsü oldu. Korkarım, Efendimiz[sav] tüm hanımlarını boşadı!" deyince Hz. Ömer[ra] şaşkın halde: "Nasıl olur?" diye söylenmeye başladı. Nihayetinde Efendimiz'in[sav] hanımlarından birisi de onun kızı Hafsa[ra] annemizdi. Hz. Ömer[ra] Resûlullah'ın[sav] yanına gitmek için yola koyuldu ve yolda kendi kendine: "Ey Hafsa, ey Hafsa! Ben sana Ebû Bekir'in kızı Âişe ile yarışma, Allah Resûlü[sav] onu senden, Ebû Bekir'i de babandan fazla sever demedim mi?" dedi.

Mescidin önüne gelip çoklarının orada ağladığını gören Hz. Ömer[ra] kapıda duran Resûlullah'ın[sav] hizmetlisine: "Ya Rebâh! Git söyle, Ömer seninle görüşmek istiyor, de." dedi. Rebâh[ra] söyledi ama Efendimiz[sav] bir cevap vermedi, görüşmek istemedi. Bu durum üç kez tekrarlanınca Hz. Ömer[ra] dışardan: "Ya Resûlullah[sav]! İnan kızım Hafsa ile ilgili görüşmeye gelmedim. Seni görmeye geldim." diye bağırdı. Bunun üzerine Efendimiz[sav]: "Tamam, gelsin." dedi. Hz. Ömer[ra], Efendimiz'in[sav] kaldığı çadırın içine girdi. Gördü ki çadırın hasırı Efendimiz'in[sav] mübarek yüzüne iz yapmış, gözyaşlarını tutamadı ve ağlamaya başladı. Efendimiz[sav]: "Niye ağlıyorsun Ömer[ra]?" diye sorunca da: "Senin şu haline ağlıyorum. Kisralar, kayserler, melikler, krallar bu kadar rahat içerisinde yaşarken senin yatacak bir yatağın bile yok. Hasır yüzüne iz yapmış. Nasıl ağlamam ya Resûlullah[sav]?" dedi. Efendimiz[sav] onu orada da teselli etti ve: "İstemez misin ey Ömer! Dünya onların, ahiret bizim olsun?" buyurdu.

Hz. Ömer[ra] aklındaki konuya direkt giremediği için ortamı yumuşatmak istedi ve kendi hanımı Atike bint Zeyd[ra] için: "Zeyd'in kızı var ya Zeyd'in kızı, geçenlerde benden bir şeyler istedi. Üç kere yok, dedim. En son öyle bir yok dedim ki bir daha karşımda konuşamadı." dedi. Onun o söylemine Efendimiz[sav] tebessüm edince Hz. Ömer[ra] fırsatı ganimet bilip: "Ya Resûlullah[sav], boşadın mı hanımlarını?" diye sordu. Allah Resûlü[sav]: "Hayır Ömer, boşamadım. Îlâ yemini ettim. Onun için evden bir ay ayrı kaldım!" deyince Hz. Ömer[ra] "Allahu Ekber!" diye bağırarak çadırın dışındakilere de müjdeyi verdi.[62] Daha sonra da Resûlullah'a[sav] döndü ve: "Ya Resûlullah[sav]! Seni üzen kızım Hafsa ise ellerimle keserim!" dedi. Çünkü O'nu[sav] öyle seviyordu...

ŞEHİRLEŞME

İslâmiyet topluma, medeni, beraber yaşanılan şehirleşme cihetinde bir hayatı öngörür. Bu hayatın yaşandığı yere "Medine" yani şehir denilecektir. Hz. Ömer(ra), Resûlullah'tan(sav) aldığı modeli bu şekilde inşâ eder.

İlk hicrî takvimi başlatan Hz. Ömer'dir(ra).[63] Posta teşkilatı Hz. Ömer(ra) döneminde kurulmuştur. Böylece Hz. Ömer(ra) haberleşmeyi sistemli bir hale getirmiştir. Hz. Ömer(ra) aynı zamanda "süvari, postacı, elçi, postaya verilen yazılar ve dosyalar, resmî işlerle ilgili posta" gibi çeşitli mânalara gelen Berid evleri de yaptırmıştır ve sahâbeler Hâlid b. Velîd'in(ra) azledilerek yerine Ebû Ubeyde b. Cerrâh'ın(ra) tayin edildiğini berîd vasıtasıyla öğrenmişlerdir. Hulefâ-yi Râşidîn döneminde posta sadece resmî işlere münhasır kalmayarak halkın da faydalandığı bir teşkilât haline getirilmiştir. Ayrıca Hz. Ömer(ra) görevlilerin konaklamaları için Kûfe dolaylarında posta evleri de inşa ettirmiştir.

Hz. Ömer(ra) kendi devrinde bir kurban kestir-
miştir. Daha sonra da kurban etini altı parçaya bö-
lerek şehrin altı farklı bölgesine o parçaları gön-
dermiş ve et en son nerede koktuysa en temiz hava
orada olduğundan hastaneyi oraya kurdurmuştur.
Kendisi Efendimiz'i(sav) rol model alarak çok fazla
şehir kurmuştur ve Kûfe, Basra, Kahire bu şehirler-
den sadece birkaçıdır.

Hz. Ömer(ra) cami yapacağı yeri ise şöyle tayin
etmiştir. Altı okçuyu şehrin etrafına dizmiş, altısı-
na da ok attırıp okların birleştiği yere cami yaptır-
mıştır. Yani o dönemde camiler şehrin merkezine
yapılmıştır. Günümüzdeki gibi kenar mahallelere
veya AVM'lerin kuytu köşelerine değil. Hz. Ömer(ra)
toplamda yüz yirmi bin cami yaptırmıştır ve aslın-
da bu yüz yirmi bin şehir demektir. Yani Hz. Ömer(ra)
neredeyse dünyanın beşte birine ulaşmıştır. Bizle-
rin Ömer(ra) deyince sadece hatıralarda kalmayıp
onun neler yaptığını da iyi anlamamız gerekir. Zîra
ecdad, sahâbeden aldığı ders ile sadece cami ya-
parak kalmamış, caminin içini dolduracak insanları
yetiştirecek kurumları da yapmıştır. Yoksa sade-
ce cami yapıp, caminin içini dolduracak insanları
yetiştirecek kurumlar yapılmazsa camiler İslâmi,
marketler Avrupai ölçülere bağlı kalır. O yüzden
medreseler ve imani meseleleri insanlara öğreten
kurum ve kuruluşlar bu cihette çok önemlidir.

"Cami" cem, cemaat; birçok şeyi içine alan, ba-
rındıran demektir. Ecdadımız camileri bizim gibi

sadece mescid manasında kullanmamış, her iş için kullanmıştır. Zira Osmanlı zamanında toplantılar camilerde yapılır, misafirler camilerde ağırlanır, mahkemeler bile camilerde kurulurmuş.

Yine Hz. Ömer[ra] hilafet döneminde caminin yanına emir evi yaptı, onun yanına da çarşı, pazar, ambarlar, beyt'ül mal binaları, hayvanlar için ahır, atlar için hara yaptırdı. Normalde Resûlullah[sav] Hicaz bölgesinde atları beslemek çok zor ve masraflı bir iş olduğu için atlardan vergi almazdı ama Hz. Ömer[ra] halife olduğu dönemde Irak'ta bin atı olan adamları duyunca hemen onlardan zekat almaya başladı. Çünkü bir insanın bin atı varsa ondan bir gelir elde ediyordur ve bu durum zekatı gerektirir.

Hz. Ömer[ra] bazı şehirlere Fırat'tan ve Dicle'den kanallar açtı ama kendisi nehir, ırmak, deniz vs. bunlardan biraz çekiniyordu. Çünkü sahâbelerin boğulduğu birkaç hadise vardı ve bunun hesabını Allah'a[cc] nasıl vereceğini düşündüğünden bu konuda geri durmuştu.

Öyle bir devir düşünün ki İslâm böylesine genişliyor, bu kadar insan Müslüman oluyor ve Hz. Ömer[ra] bu insanların hepsini idare ediyor. Sizce Hz. Ömer[ra] tüm bu insanları kılıçla mı idare ediyor? Hayır hayır! Burada önemli olan şehirlerin değil, gönüllerin fethidir. Zîra Hz. Ömer[ra] şehirlerden evvel gönülleri fethetmiştir. Onun için de İslâm coğrafyası böylesine genişlemesine rağmen hâlâ idare edilebilir niteliğini koruyor. Bunu gören batılı bir zihniyetin Hz. Ömer'in[ra] gönüllere girişini anlaması mümkün değildir. Çünkü onlarda sistem şudur: "Kendi topraklarının bekâsı için on yeri sömürge etmek!" Onlar bir zaman kendi mezhebinden olanlara bile Engizisyon Mahkemesi kurdurup halkın kafasını kesmişlerdir. Onun için Hz. Ömer'in[ra] bu şefkatini, bu derin merhametini, bu ince adaletini anlamaları mümkün değildir. Zîra günümüzde İslâm maddeten de ekonomik anlamda da dünyada çok güçlü konumda değildir. Peki, İslâm bu açılardan şu an güçlü değilse dünyanın her yerinde: "İslâm'dan korkun!" propagandaları neden bitmiyor? "İslamofobi" denilen İslâm'ı kötüleme projeleri neden devam ediyor? Avrupa neden korkuyor? İslâm'ın en büyük gücü olan tesir gücünden korkuyor. Çünkü bugün İslâm'ı düzgün yaşayan ufacık bir yer, başka yerleri mayalasa dünyanın buna lakayt kalma ihtimali yoktur. İşte Avrupa'nın, İslâm'dan korktuğu şey tam olarak budur.

İKTİSAD

İslâm'da iktisadi durumlar Enfâl ve Haşir Surelerindeki bazı âyetler olan "Fey" âyetleri ile belirlenmiştir. Fey: "Haraç, cizye, ticaret rusûmu, düşmandan savaşsız elde edilen ganimet, Beytülmâl'de bulunan herhangi bir mal." anlamlarına gelmektedir. Bunlara hüküm veren âyetlere de "Fey Âyetleri" denir.[64] Abdullah bin Mes'ud(ra): "Sâsânî ve Bizans toprakları fethedilince Hz. Ömer(ra) bu âyetlere dayanarak sistemini kurmuştur." der.

İslâm vergi sisteminde vergilerin isim ve nisbetleri, vergi mükellefinin durumuna göre değişir. Bu da büyük ölçüde Müslüman devletin teb'ası olan kişinin müslim veya gayr-i müslim olmasına bağlıdır. Bu bakımdan, İslâm dünyasında vergiler genel olarak: Müslümanlarla ilgili vergiler ve gayr-i müslimlerle ilgili olan vergiler olmak üzere iki kategoride mütalaa edilirler.[65]

Gayr-i müslimden alınan vergilere cizye ve haraç denilir. Haraç toprağın vergisidir. O toprak ekilse de ekilmese de haracı alınır. Cizye ise Müslüman olmayanların kendi dinlerinde kalmaları halinde alınan vergidir. Bu vergileri ödeyen gayr-i müslimler, buna karşılık mal ve can güvenliği elde ederler. Binaenaleyh bu vergileri veren kimse ile savaşılmayacağı gibi onlara gelecek olan her türlü tehlike de bertaraf edilir. Müslüman'dan ise zekat ve öşür vergisi alınır. Lakin bir Müslüman, gayr-i müslimden toprak alıp haraç toprağına sahip olursa yine haraç vergisi öder. Çünkü "haraç" dediğimiz vergi, şahsın değil toprağın statüsüdür. O yüzden bir yer haraç toprağı olarak belirleniyorsa o toprağa sahip olan onu ekse de ekmese de haraç vergisini öder. Zekat ise mahsulün karşılığıdır ve o mahsul, yağmur suyu ile sulanmışsa öşür yani onda bir zekat vergisi alınır.

Hz. Ömer(ra) savaştan elde edilen toprakları ganimet statüsünün dışında bırakmıştır. Çünkü ganimet olsa insanlara dağıtması gerekecekti. Ama o dağıtmayarak toprakları yerli halka bırakmayı tercih etti. Bu duruma Bilâl-i Habeşî(ra): "Kılıçlarımızla aldığımız toprakları bunlara neden bırakıyorsun?" diye itiraz edip onları ganimet olarak istese de Hz. Ömer(ra) kararından dönmedi. Suriye Valisi Ebû Ubeyde Bin Cerrâh(ra) Halife Ömer'e(ra) mektup yazıp: "Ya Ömer! Savaştan sonra elde edilen ganimetleri dağıttım, peki toprakları ne yapayım?" diye sorunca Hz Ömer[ra] ona da: "Toprakları dağıtma!" dedi ve şu açıklamayı yaptı: "Bizler eğer fethettiğimiz her toprağı halkıyla beraber Müslümanlara taksim edecek olursak bizden sonra gelecek Müslüman nesillere bir şey kalmaz. Müslümanlar konuşacak bir insan bile bulamaz. Çünkü yerli halktan herkes esir statüsünde kalır ve bizden sonra gelen Müslümanlar onları esir olarak kullanmaya devam ederler. İslâm hakim oldukça onlar Müslümanların kölesi olarak kalırlar. Bu da onların hidâyete ermelerine engel olabilir. Ben buna razı değilim."

Hz. Ömer'in[ra] bu ince düşüncesinden de anlıyoruz ki o, İslâm'ın üstünlüğünü savunmaktan ve İ'lâ-yi kelimetullahtan başka hiçbir şey düşünmemiş ve istememiştir.

Hz. Ömer[ra] hilafet döneminde bir divan teşkilatı kurmuş ve bu uygulamayı da ilk kez yine o yapmıştır. Ashâbı beş zümreye ayırmış ve onlara yılda bir kez farklı miktarlarda verilen para anlamına gelen "atiyye" vermiştir. İlk zümreye Peygamber[sav] hanımlarını koymuş ve onlara yılda on bin dirhem vermiştir. İkinci zümreye Bedir Ashâbı'nı alıp onlara da yılda beş bin dirhem vermiştir. Hz. Ömer[ra] "Fey" gelirlerini yıllık "atiyye" ve aylık "erzak-ı müslimin" adıyla dağıtmış, bu dağıtımı yapması için bir divan teşkilatı oluşturmuştur. Hz. Ömer'in[ra] birikmiş malı Müslümanlara dağıtması muazzam bir anlayıştır ve bizim bugün bu anlayışı örnek almamız gerekir. Tabi ki Hz. Ömer'in(ra) mal dağıtmadığı istisna kesimler de vardır. Örneğin; bedevî yani ümmetle bütünleşmeyen Müslümanlar ya da cihada gelmeyenler, zor duruma düşmeleri müstesna bu gelirlerden hak alamamışlardır. Hz. Ömer(ra) bu Fey gelirlerinden annelere de çocuklarının sütten kesilmesi karşılığında vermiştir. Ama burada bir sorun meydana gelmiştir. Sütten kesilen çocuğa halife para veriyor, diye anneler çocuklarını erkenden sütten kesmeye başlamışlardır.

Hz. Ömer'in(ra) yardımcısı, yol arkadaşı ve eski bir azadlı köle olan Hz. Eslem(ra) anlatıyor: "Bir gece Hz. Ömer'le(ra) beraber Medine sokaklarında dolaşıyorduk. Bir ara bir evden çocuk ağlaması duyduk. Oradan döndüğümüzde, aynı ağlama sesi devam ediyordu. Ömer kapıya yanaştı ve elindeki bastonla kapıyı çalıp dışardan seslendi: 'Ey kadın! Çocuğun ağlaya ağlaya helak olacak. Sustur şu çocuğu. Varsa halledemediğin bir derdin söyle!' Kadın içeriden, konuşanın kim olduğunu bilmeden cılız bir sesle şöyle cevap verdi: 'Ben de farkındayım ama ne yapayım? Halife Ömer ancak sütten kesilen çocuklara maaş bağlatıyor. Ben de o yüzden mecburen onu sütten kestim.' Kadının bu sözünü duyan Hz. Ömer'in(ra) eli ayağına dolaştı ve düşünceli bir şekilde başını önüne eğerek hızla oradan uzaklaştı. Uzaklaşırken de dışardan seslendi: 'Kadın sen bu çocuğu ağlatma. Yarın halife bu hatasını mutlaka düzeltecektir. Hadi, çocuğuna süt ver. Şu masumu daha fazla ağlatma!"

Hz. Ömer[ra] yaşadığı bu hadiseden sonra kararını değiştirdi ve artık çocuklar doğar doğmaz "atiyye" adlı divan defterine yazıldılar.[66]

KUDÜS

Hicrî on altıncı yılda Kudüs fethedilmiştir. O zamana kadar o bölgeye "Eyle Bölgesi" de denilmiştir. Hristiyanlar komutan Ebû Ubeyde Bin Cerrâh'a(ra): "Biz Kudüs'ü savaşmadan size vereceğiz ama bir şartımız var. Şehri gelip Ömer teslim alacak!" demiştir.[67] Çünkü Ömer'in(ra) nâmı her yere yayılmıştır. Ömer(ra) varsa adalet vardır. Onun içinde Hristiyanlar, Halife Ömer(ra) gelirse zulmetmez, diyerek onu istemişlerdir.

Bunun üzerine Hz. Ömer(ra) Kudüs'e gidip gitmemesi noktasında istişare heyetini toplamıştır. Heyette bulunanların hepsi gitmemesi yönünde fikir beyan ederken Hz. Ali(ra) gitmesini söylemiştir. Hz. Ömer(ra) daha önce İran'a gidip gitmeme noktasında istişare ettiğinde de herkes "Git!" demesine rağmen Hz. Ali(ra) gitmemesini söylemiştir. Hz. Ömer(ra) orada Hz. Ali'yi(ra) dinlediği gibi Kudüs meselesinde de onu dinlemiştir. Burada çok ince bir mesaj vardır. Hz. Ömer(ra) ile Hz. Ali'nin(ra) muazzam bir anlaşması, koordinasyonu vardır. İkisi de İslâm'ın yiğit, cengâver sahâbesidir. Onların birlikteliği başka bâtıl düşüncelerle asla parçalanamaz.

Hz. Ömer[ra] gitme kararını alınca bineğini ve hizmetlisini yanına alarak yola koyulur. Yol boyu bineğe bir Hz. Ömer[ra] biner, bir hizmetlisi biner ve yolculuk bu şekilde devam eder. Kaderin tatlı cilvesidir ki tam Kudüs'ün kapılarına yaklaşıldığında bineğin üstünde olma sırası hizmetlidedir. Hz. Ömer[ra] devenin üstündeki hizmetlisini çekerek Kudüs'e girer ve her gören: "Vallahi müjdelenen insan budur. Kudüs'ü vereceğimiz Emirü'l- Mü'minîn Ömer'dir[ra]." der.

O gün bir papaz anahtarı teslim ederken ağlar. Ona: "Sana emniyette, güvende olacaksınız, size ilişmeyeceğiz dememize rağmen niye ağlıyorsun?" diye sorulduğunda: "Vallahi sizde bu ahlak, bu dayanışma oldukça Kudüs bize geri gelmeyecektir. Ben ona ağlıyorum" der. Şimdi de Kudüs bize gelmiyor. Bizde neyin eksik olduğunu, Kudüs'ün uzaklığından bile anlayabiliriz. Zira bizler benlik davası, makam sevdası, mansıp davası, gurur kavgasında oldukça Kudüs'ün bize gelmesi çok güç görünüyor.

Hz. Ömer[ra] Kudüs'e gelir gelmez onu komutanları karşılar. Ama komutanları ipekten elbise giymiştir ve Halife Ömer[ra] bunu görünce çok sinirlenir: "İki yılda dünya tamahkârı mı oldunuz, beni bu parlak elbiselerle mi karşılayacaktınız?" diyerek söylenir. Komutanları bir ara fırsat bulup: "Ey Ömer! İnan taşıdığımız silahlar anca bu kıyafetlere sığar. O yüzden bu kıyafetleri giyiyoruz. Yoksa her şey Allah'a(cc) ayandır, Allah şahidimizdir." deyince Hz. Ömer(ra) susar.

Hz. Ömer(ra) Kudüs'ü gezmeye başlar ve gezdikten sonra bir genelge yayınlayarak şöyle der: "Hristiyanların kilisesine, mallarına, evlerine, simgelerine dokunulmayacak. Burada kalanlar cizye vergisini ödeyecek, başka yere gitmek isteyenin gideceği yere kadar güvencesi bize aittir. Hırsızlar ve Yahudiler şehri terk edecek."

Hz. Ömer(ra) tüm bunları bir "emânname" yani barış antlaşması şeklinde yayınlar ve o antlaşmaya ait birkaç madde şöyledir:

• Kimse dini inancından dolayı horlanmayacak, zorlanmayacak.

• Bu yurtlar Yahudilere iskân verilmeyecek. Yahudiler burada mesken tutamayacak.

• Kendimize layık gördüğümüz her şeyi size de layık göreceğiz.

• Siz bize emanetsiniz. Yine de buradan gitmek isteyen olursa yol güvenliğiniz bize aittir.[68[

Allah(cc) aşkına, Hz. Ömer'in(ra) olduğu yerde kim yaşamak istemez ki? Siz tarihte bu kadar güzel, bu kadar güvenli bir yer gördünüz mü hiç? Bir Hz. Ömer(ra) döneminde yayınlanan emannameye bakın bir de şimdi Filistin Gazze'de ve daha nice Müslüman beldelerinde akıtılan kanlara bakın! Sözde Kudüs Yahudi için, Hristiyan için, Persliler için bile önemli bir yerdir. Ama bu belde kırk küsur defa saldırıya uğrar ve yarıdan fazlasında şehir yerle bir edilir. Kudüs ne zaman Hz. Ömer'in[ra], Selâhaddîn Eyyûbi'nin, Osmanlı Devleti'nin eline geçse ancak o zaman huzur bulur.

Kudüs'ün yine huzura ihtiyacı var ama biz sahâbelerle aynı gönlü taşımadıkça, Kudüs bizden maalesef uzak kalmaya devam edecektir. Biz kalben onlara benzemedikçe, meydanlarda "Kudüs" diye bağırmamız fayda etmeyecektir. Gecelerimizi o güzide nesil gibi geçirmedikçe, gündüzleri onlar gibi mücadelede etmedikçe, attığımız naralar ancak cılız bir serçenin kanat sesi hükmünde hesap defterine yazılacaktır. Kudüs kimlere gelmişse, kimlere yâr olmuşsa ayak izlerine baksak temelde Şeriat-ı Garrâ-ı Muhammediye'yi[sav], Efendimiz'in[sav] o parlak ayak izlerini göreceğiz. Bakacağız ki Hz. Ömer[ra] aynı dinamizmi görmüş ve aynı dinamiklerle yürümeye devam etmiş. Bakacağız ki Selâhaddîn Eyyûbî aynı ayak izlerine basmış ve anlayacağız ki biz o ayak izlerini takip etmediğimizden Kudüs bizden kaçmış.

FETİHLER

Efendimiz'in^(sav) sağlığında Arap yarımadası İslâm'ın hakimiyetine boyun eğdirilmiş ve insanlar bölük bölük eski dinlerinden dönerek Müslümanlarla bütünleşmişlerdi.

Bunun peşinden Efendimiz^(sav), İslâm tebliğinin insanlara ulaştırılmasının önünde bir set teşkil eden, müşrik zalim güçlerden biri olan Bizans imparatorluğuna karşı askerî seferleri başlatmıştı. Hz. Ebû Bekir^(ra) ise Efendimiz'in^(sav) vefatından hemen sonra ortaya çıkan Ridde hareketlerini bastırmış, daha sonra Bizans hakimiyetindeki topraklara askerî akınlar başlatmış, öte taraftan çağın despot devletlerinden ikincisi olan İran imparatorluğuna karşı da askerî faaliyetlere girişmişti. Hz. Ebû Bekir'in^(ra) vefatından sonra halifeliğe geçen Hz. Ömer'in^(ra) üzerine düşen ise bu siyaseti devam ettirmekten ibaretti.

Hz. Ömer'in^(ra) hilafeti döneminde fetihler büyük bir hız kazandı. Fetihler sonucunda İslâm devletinin himayesi altına alınan insanlar, hem İslâm'ın safiyet ve ulviyetini gözlemlemek hem de tevhid çemberinde temizlenip sevgi, adalet, merhamet, insaf ve iman sahibi olmuş Müslümanları tanımak suretiyle doğrunun eğriden, güzelin çirkinden, tevhidin şirkten farkını somut bir şekilde idrak etme imkânına kavuştular. Dolayısıyla da memleketin yeni sahiplerinin hoşgörülü, eski idarecilerle kıyas kabul etmeyecek derecede adaletli, insaflı, insan hak ve haysiyetine saygılı olduklarını bizzat gördüler. Zîra bizlerin de Hz. Ömer'in(ra) hayatını tam anlayabilmemiz için onun döneminde giriştiği mücadeleleri, İslâm topraklarını ne zorluklar içerisinde ne kadar ölçüde genişlettiğini, nelerle mücadele edip bu mücadelelerde nasıl stratejiler geliştirdiğini çok iyi anlamamız gerekir. O halde Hz. Ömer'in(ra) Allah'ın rızası yolunda giriştiği cihadları ve: "Fitne ortadan kalkıncaya ve dinin tamamı Allah için oluncaya kadar onlarla savaşın."[69] ayetine tam mazhar olarak İ'lâ-yi Kelimetullah'ı nasıl gerçekleştirdiğini daha iyi idrak edebilmek için başlayalım.

Hicrî on üçüncü yılda Sâsânîler yani İran-Perslerle Köprü Savaşı yapılır ve savaş Suriye, Irak'a kadar devam eder. O zaman Sâsânîlerin başında "Şehriyar" vardır. Hz. Ömer'in(ra) görevlendirdiği komutan ise Müsennâ Bin Hârise'dir(ra). Hz. Ebû Bekir'in(ra) son dönemlerinde Şırnak'ta "Zahoya" denilen bölgeye kadar yayılan geniş bir alanda cihad olur. O bölgenin ilk savaşlarından olan o savaşlara

"Babilyon Savaşları" denilmiştir. İşte Sâsânîler bu savaşta tutunamaz ve Şehriyar'dan sonra başa bir kraliçe geçer ve ordunun başına da Rüstem'i getirir. Rüstem, Kûfe yakınlarında büyük bir karargah kurar. İslâm orduları o karargaha ulaşmak için Fırat Nehrini geçer. O birliği dağıtır ama burada ufak bir oyun vardır: Sudan geçme oyunu! Müslümanlar Fırat nehrinden geçtiğinden dolayı orduda kayıp biraz fazla olur. Köprü Savaşları'nda İslâm ordusu yaklaşık dört bin şehid vermiştir. Sonra Hz. Ömer[ra] ek ordu göndermiş ve diğer çarpışmada İranlılar Fırat Nehrini geçmek durumunda kaldıklarından yerle bir olmuşlardır.[70]

Hicrî on dördüncü yılda Kadisiye Savaşları yaşanmıştır. İranlılar komutan ve idare arasındaki anlaşmazlıktan bıkmışlar ve: "Sizdeki bu idare ve komutan ihtilafından Müslümanlar faydalanıyor." diyerek Rüstem ile Firuz'u bir araya getirerek sadâkat yemini ettirmişlerdir. Bunun üzerine onlar da anlaşmak için bir şart sunmuşlar ve: "Yönetime yine kraliyet yani 'Şehriyar' soyundan birisi gelecek." deyip Şehriyar'ın oğlu Yezdicerdi tahta çıkarmışlardır. Müsennâ b. Hârise[ra], Kûfe'ye yakın bir yerde onlarla çarpışmıştır. Hz. Ömer[ra] yeni bir ordu oluşturmuş ve o orduya komutan olarak da Sâ'd b. Ebû Vakkâs'ı[ra] göndermiştir. Komutan, Hz. Ömer'e[ra] rapor sunduktan sonra Halife Ömer[ra] Kadisiye'de karar kılınmasını iki mesajla bildirmiştir. Düşünebiliyor musunuz telefonla değil, maille değil, pusulayla savaş yönetmiş ve o iki mektuplaşma sonucunda savaş kazanılmıştır. Bizlerin buraları çok iyi anlaması lazım. Çünkü bizler bazen insanlarla dipdibeyken bile anlaşamıyoruz. Hz. Ömer[ra] ise iki tane kısa pusula göndererek savaş kazanılmasına vesile oluyor.

Hz. Ömer[ra] onlara elçi gönderip önce onları İslâm'a davet etmiştir. "Yoksa ya cizye ödersiniz ya da savaş çıkar." demiştir. Ama onlar bu daveti kabul etmemişler ve savaş yapılmıştır. Karşı taraf ordunun ön kısmına yine filleri dizse de her zorluğa rağmen Müslümanlar onları geçmişler ve neticede bizden sekiz bin şehit, onlardan da kırk bin ölü ile zafer elde edilmiştir. "Biz insanları kula kul olmaktan kurtarıp Allah'a[cc] kul etmek için geldik." cümlesi Kâdisiye'nin armağanıdır.[71] İşte Hz. Ömer[ra] bu alt yapıların toplamı demektir ve bizim toprağın altına çok bakmamız gerekir.

Başka bir zaman Müslümanlar "Medain" denilen bölgeye yürümüşlerdir. Bu bölge Bağdat'a yakın bir yerde bulunmaktadır. Müslümanlar oraya girdikleri anda Sâsânîler korkup orayı boşaltmak zorunda kalmışlar ve ordu komutanı Sâ'd. b. Ebû Vakkâs[ra], Duhân Sûresi 25 ve 28. Ayetleri yüksek sesle okuyarak fetih namazı kılmıştır. Kendisi orada bulunan Beyaz Saray'ı camiye çevirmiş ve sonrasında da Irak valisi olmuştur. Savaş sonrası ganimetlerin beşte biri Beytülmâl'a verildikten sonra kalan ganimetler askerlere dağıtılmış ve her askere ganimet olarak dokuz bin altın dinar düşmüştür. İslâm'ın o zamanki gücünü anlıyor musunuz?

Hz. Ömer(ra) ganimet dağıtırken Zeyd bin Harise'nin(ra) oğlu Üsame'ye(ra) kendi oğlu Abdullah'a(ra) verdiğinden daha fazla vermiştir.

Çünkü Üsame b. Zeyd(ra) hem ordu komutanı hem de Resûlullah'ın(sav) torunlarını severken yanından hiç ayırmadığı sahâbedir. Allah Resûlü'nün(sav) her zaman bir dizinde torunları varken, bir dizinde de Üsame b. Zeyd(ra) vardır. Onun için Hz. Ömer(ra): "Resûlullah(sav) Üsame'yi Abdullah'tan fazla severdi." diyerek ona oğlundan fazla pay vermiştir. Ey Ömer(ra)! Sendeki başka bir hassasiyet! Hz. Ömer(ra) kendi ailesini, yakınlarını geride tutmak için her fırsatı değerlendirmiştir. Madem olması gereken buysa biz neden sürekli yakınlarımızı torpillerle ön planda tutmaya çalışıyoruz? Çünkü Hz. Ömer'in(ra) ahlakından çok uzakta bulunuyoruz.

Hicrî on altı yılında Sâsânîler yeni bir komutanla sahneye çıkmış ve "Genuh" yani şimdiki "Dağıstan" denilen bölgeye kadar savaş devam etmiştir. Sâ'd b. Ebû Vakkâs(ra) Hz. Ömer'e(ra) durumu anlatmış ve Hz. Ömer(ra) o bölgeye takviye destek on iki bin savaşçı daha göndererek kuşatma kahramanı Ka'kâ b. Amr'ın(ra) vurkaç taktikleriyle savaş kazanılmıştır. Hz. Ömer(ra) savaşı kazandıktan sonra anında valilerine: "Ziraat ile uğraşan yerlilerin hakkını gözetin!" diye emir göndermiştir. Ey Ömer(ra), adalet sana ne kadar da yakışıyor!

Yine Hicrî on altı yılında "Cezire" denilen bölge fethedilmiştir. Harran'dan Nusaybin'e kadar olan bölgeler İslâm ile şereflenmiş, daha sonra o bölgeler barışı kabul ederek cizye ödemişlerdir. İmanla ulaşılan yerlere baksanıza!

Ne diyordu cennet mekan Mehmet Akif:

"İmandır o cevher ki İlahi ne büyüktür,

İmansız olan paslı yürek sinede yüktür..."

Bir insanda iman olunca Müslümanların ulaştığı yerlere bakın bir de bizim ufak meselelerde ettiğimiz ümitsiz laflara. Yakışmıyor, yakışmıyor... Ömerîlere yakışmıyor!

Hz. Ömer(ra) bir dönem bazı komutanlarında iklim değişikliğinden kaynaklanan hastalık belirtileri görmüş ve: "Yerleşik hayata geçme vakti geldi." diyerek gidilen yerlere yerleşim yeri yapılması için emir vermiştir. Böylelikle İslâm şehirleri kurulmaya başlanmıştır. Hz. Ömer'in(ra) şehirleşme faaliyetlerine girişmesinin sebebi bile komutanlarını düşünmesidir. Hz. Ömer(ra) bu mesele ile vazifeli olarak Sâ'd b. Ebû Vakkâs(ra), Selmân(ra) ve Ebû Huzeyfe'yi(ra) memur tayin etmiş ve ilk şehir imarları bu şekilde yapılmıştır. Kûfe inşa edilirken kamıştan evler kerpiçten evlere çevrilmiştir. Şehrin içerisine ilk olarak camiler ve kamu binaları yapılmıştır. Lakin şehirleşme gerçekleşirken Hz. Ömer'e(ra) bir gün: "Medain'den Kisra Köşkü'nün kapısını Sâ'd bin Ebû Vakkas getirdi. Kendisine ufak bir yer yaptı, kapıyı da oraya yerleştirdi." diye bir haber gelmiştir. Bunun üzerine Hz. Ömer[ra] hemen Muhammed b. Mesleme'yi[ra] Kûfe'ye elçi olarak göndermiş ve: "Ey Muhammed! Oraya gider gitmez önce o kapının önünü odunla doldurup orayı yak. Sonra da gidip benim mektubumu Sa'd'a ver." demiştir. Muhammed[ra] gittiğinde tam halifenin dediği gibi yapmış, önce o kapıyı ateşle tutuşturmuş, daha sonra da Sa'd'a[ra]: "Ben emre itaatle mükellefim, bu da halifenin sana gönderdiği mektuptur!" demiştir. Sâ'd b. Ebû Vakkâs[ra] mektubu açınca şu cümlelerle karşılaşmıştır: "Kisra'nın köşküne benzer bir köşk yaptığını duyuyorum. Kapına da adamlar koyacaksın ve halkla görüşmene perde olacaklar. Efendimiz'in[sav] yolunu bırakıp Kisra'nın yolunu tutmuşsun öyle mi? Kisra'yı o köşkten mezara indirdiler, unuttun mu? Sana başını sokacağın evin ve Beytülmâl yeter ey Sâ'd."[72]

Kim en yakınım dediği samimi dostlarına bunları söyleyebilir? Hz. Ömer[ra] çocukluk arkadaşı olan Sâ'd b. Ebû Vakkâs'a[ra] vazife gereği söylenmesi gerekeni ne kadar açık ve net söylüyor görüyor musunuz? Kim bu civanmertliği gösterebilir? Biz şimdi namaz kılmayan dostlarımıza ölümü, ahireti hatırlatmaya korkar, namaz kıl demeye çekinir hale geldik. Allah bizi affetsin!

Hicrî on yedinci yılda Ahfaz'ın fethi gerçekleşir. Ahfaz şimdiki petrol merkezlerinden bir tanesidir ve günümüzde orada günlük altı yüz bin varil petrol çıkarılmaktadır. Bölge fethedildikten sonra Halife Ömer[ra] o bölgenin halkından on kişiyi hemen yanına çağırır ve onlara: "Komutanlarım yerli halka adil davranıyor mu?" diye sorar. Her birisi: "Biz memnunuz Ömer." deyince Hz. Ömer[ra] secdeye varır ve: "Allah'ım savaşlardan dolayı ümmetin azabını hafif tut." diye dua eder. Çünkü o, Rabbinden hep korkmuştur. Her daim İslâm için uğraşmış ama bunu yaparken kibre hiç bulaşmamıştır. Hep Rabbine karşı hesap vereceği endişesini taşımıştır. Çünkü o bilir ki: "Akıbetinden endişe etmeyenin, akıbetinden endişe edilir."[73]

Hicrî on sekizinci yılda Bahreyn'den İran'a cephe açıldı. Utbe[ra] bu cephede vefat edince Hz. Ömer[ra] oraya Muğire b. Şu'be'yi[ra] yeni komutan olarak atadı ve sonraki süreçte Ram, Hürmüz, Tuster şehirleri fethedildi. Yezdicerd bölge halkını Müslümanlara karşı kışkırtmaya çalışsa da netice alamadı. Kûfe'den yola çıkan Nu'mân b. Mukarrin[ra] onların her birisini bastırıp mağlup etti. En son sıkışan Hürmüzan: "Beni Ömer'le görüştürürseniz ben teslim olurum!" dedi ve onu alıp Medine'ye götürdüler. Hürmüzan'ın gözü Medine'de köşkler, saraylar, korumalar aradı ama aradıklarının hiçbiri yoktu. Aksine o, dünyanın beşte birine hükmeden halifeyi mescidin köşesinde, elinde bir kamçıyla yerde hasırın üstünde uyurken görüyordu. Hürmüzan bu duruma hayret etti ve buna anlam veremedi. Halife Ömer[ra] ise onu görünce kalktı ve: "Gördün mü zulmün sonu neymiş? Allah'ın[cc] yardımı

Müslümanlar ve cemaatleymiş." dedi. Ama Hürmüzan'ın aklı hâlâ oradaki manzaradaydı.

Sizce Hz. Ömer(ra) bu ahlakı kimden görmüş olmalı? Belli değil mi kimden gördüğü? Peki, biz bizdeki ahlakları kimlerden görüyoruz? O da belli tabi ki. Hürmüzan durum karşısında yere kapandı ve gözü yaşlı bir şekilde şehadet cümlelerini getirdi. Hz. Ömer(ra) ise ona Medine'de bir mesken verdi. Hürmüzan ile gelen bir de heyet vardı. Hz. Ömer(ra) o heyeti de bizzat evine aldı ve: "Komutanlarım size zulmediyor mu?" diye sordu. Onlar: "Hayır Ömer, hayır! Komutanların da aynı senin gibi adaletli." deyince Hz. Ömer(ra) çok sevindi.[74]

Hicrî yirmi birinci yılda İran'da, Nihâvend Savaşı meydana gelmiştir. Bu savaşta düşmanlar kaleye sığınmış ama Ka'kâ b. Amr(ra) vurkaç taktiğiyle onları siperlerinden çıkarmıştır. Bu savaşta komutan Nu'mân(ra) şehit olmuş, Hz. Ömer(ra) onun yerine Huzeyfe-tül Yemânî(ra) komutan olarak atamış ve zafer tamamlanmıştır. Nihâved Savaşı çok çetin geçtiğinden bu savaşa "fetihlerin fethi" denilmiştir.[75]

Hicrî yirmi üçüncü yılda Isfahan tam fetholacakken Sâsânî valisi, Abdullah b. Utbe'ye(ra): "Gel Abdullah! Ferden ferde, teke tek savaşalım. Kim kazanırsa zafer onundur." demiştir. Hz. Abdullah(ra) bu teklifi kabul etmiş ve Vali, Abdullah'ın(ra) karşısına bir savaşçı çıkarmıştır. Savaşçı ilk vuruşta Abdullah'ın(ra) atını da koşum takımlarını da düşürmüş ama Abdullah(ra) yere düşer düşmez Hz. Ömer'in(ra) ata bir adımda binme nasihatini hatırlamıştır. Sonra da koşan atı tutup bir adımda tekrar atın üstünde hazır vaziyette kalmıştır. Bunu görenler ise: "Sizinle savaşılmaz, sizler gerçek kahramanlarsınız!" diyerek orada teslim olmuşlardır.[76] Yine Hicrî yirmi üçüncü yılda "Derbent" denilen bugünkü Dağıstan fethedilmiştir. Komutan Sürâka b. Amr(ra) bir yıl cizyeden muaf tutacak şekilde barış antlaşması yapıp o bölgeyi İslâm topraklarına katmıştır.[77] Aynı yıl alimler yatağı Horasan da fethedilmiştir.

Basra fethi sırasında bir ara komutan Sariye düşmanlar tarafından bir dağın etrafında sıkıştırılmıştır. Tam o esnada Hz. Ömer(ra) Medine'de cuma hutbesi vermektedir. Her yerden sıkışan Sariye artık çok yorulmuştur. Düşmanlar tam arkadan atak yapacakken hutbede bulunan Hz. Ömer'in(ra) iklimi değişmiş ve bir anda: "Sariye, el cebel, el cebel!" diye bağırmaya başlamıştır. Sariye dağın arkasından, binlerce kilometre öteden gelen sesi işitmiş, sırtını kızgın dağa dayayarak düşmanın ablukasını yok etmiş ve cihadı kazanmıştır. Medine'ye geldiğinde onu tebriğe gelenlere ise: "Ne diye beni tebrik ediyorsunuz? Ömer(ra), 'Sariye el cebel, el cebel!' diye bağırmasa ben bu savaşı kazanabilir miydim?" demiştir.[78]

Basra'nın kuzeyinde Kays b. Seleme'nin itaat altına aldığı bir bölge vardır. Orada dünya tarihinde emsali görülmemiş ender bir mücevher bulunmaktadır. Kays o mücevheri hemen bir elçiye verir ve: "Bu mücevheri benden halife Ömer'e[ra] hediye olarak götür." der. Ondan sonrasını elçi sahâbe bize şöyle anlatır: "Geldiğimde halife elinde çoban değneği ile fakir halka erzak dağıtıyordu. Beni gördü, vazifemi bildi. 'Otur hele şöyle kenara!' dedi. Bana düşen erzakı da verdi. Daha sonra beni aldı, evine götürdü. Hanımı Ümmü Gülsüm'e[ra] seslendi: 'Ümmü Gülsüm, bize yiyecek bir şeyler çıkar!' Sofrada biraz ekmek ve zeytin vardı. Hz. Ömer[ra] hanımına 'Gel, sen de bizimle otur!' dedi. Ümmü Gülsüm[ra] 'Ya Ömer, sofraya oturmaya layık kıymetli bir elbise üstümde yoktur.' deyince Hz. Ömer[ra] "Ali'nin kızı, Ömer'in zevcesi olmak sana şeref olarak yetmez mi, ey ümmü Gülsüm?" dedi. Bu konuşmadan sonra Kays'ın ona gönderdiği mücevheri birden çıkardım ama çıkarmamla Hz. Ömer'in[ra] kapatması bir oldu. 'Bu Ömer'in değil, ümmetin malıdır!' dedi. Mücevherle beni tekrar gönderirken Kays'a da şu haberi gönderdi: 'Ey Kays bir daha böyle bir şey yaparsanız ikinizin de vay haline!'"[79]

Bizler eğer Hz. Ömer'i[ra] buraya koyacaksak hediyeleri, rüşvetleri, torpilleri, adam kayırmaları nereye koyacağız? Zira bunların biri iman kefesine koyulursa, öteki ancak küfür kefesine layıktır.

Ben sayfalardır yazdığım fetihlerin her haliyle aklınızda kalmayacağını biliyordum ama yine de yazmaya devam ettim. Çünkü istedim ki Hz. Ömer'in[ra] kim olduğunu, İslâm için ne fedakarlıklarda bulunup, nasıl gayret gösterdiğini tam anlayalım. İstedim ki onun gayretini görerek gayrete gelenlerden olalım. Zira bugün Müslüman beldelerin içinde bulunduğu ahvâl içler acısı. Bizler zamanında böylesine bir güçteyken şimdi ne hallerdeyiz. İyi de neden böyle oldu? İki ihtimal var. Ya biz değiştik ya düşmanlarımız. Bakıyoruz düşman aynı düşman, planlar aynı sinsi planlar...

O halde sorun düşmanın değişmesinde değil sorun bizim değişmemizde. Bizim yol göstericilerin yolundan gitmememizde. Onların ayak izlerini takip etmememizde. Eğer bir gün şaşırdığımız yolumuzu yeniden bulabilirsek, gaflet uykusundan uyanabilirsek, kaybettiğimiz gücümüz de bize geri gelecek ve ağlayan ümmet tekrar gülecektir.

HZ. ÖMER'İN(R.A.) KORKUSU

İfk hadisesi, Hz. Âişe(ra) Validemize münâfıkların başı Abdullah bin Übey ibni Selûl tarafından yapılan iftira hâdisesidir ve bu hadiseden sonra bir sahâbenin dua etmesi sonucunda Münâfikûn Sûresi inmiş, Resûlullah'a(sav) münâfıkların listesi gelmiştir. Efendimiz(sav) münâfıkların listesini yalnızca sır kâtibi Huzeyfe-tül Yemânî(ra) ile paylaşmıştır. Listenin sadece onda olduğunu bilen Hz. Ömer(ra) ise onun peşini bırakmamış ve: "Ya Huzeyfe-tül Yemânî! Allah aşkına söyle ben bu listede var mıyım?" diye sürekli sormuştur. Huzeyfe-tül Yemânî(ra) baktı Hz. Ömer(ra) peşini bırakmıyor son çare ona listede adının bulunmadığını söylemiş ve: "Ya Ömer vallahi yoksun." demiştir.

Hz. Ömer(ra) gibi Cihâryâr-ı Güzîn efendilerimizden bir tanesi, dinimizin dörtte biri, bize bu işin bayraktarlığını en güzel ve en kemal noktada getiren bir zât: "Allah aşkına söyle ben münâfık mıyım?" diyor. Bizim ise bu konuda hiçbir endişemiz yok.

"Benim bu tavırlarım, bu ahlakım beni nereye sürükleyecek?" diye düşünmüyor: "Benim ahvalim ne olacak? Akıbetim ne olacak? Ben münafık mıyım?" diye kendimize sormuyoruz. Onlar dünyadayken cennetle müjdelenmelerine rağmen kendilerine bu soruyu soruyorlar ama biz akıbetimizden endişe etmiyor, cennet garantilenmiş gibi bir hayat yaşıyoruz. Hz. Ömer[(ra)]: "Bu Ömer namazını kılmazsa, Allah peşinde koşmazsa, Allah[(cc)] onu cennetine mi koyar?" diyor. Ağlamaktan göz yuvaları yaşla doluyor. Bizim ise ağzımızdan hâlâ: "Ev aldım, araba aldım, arsa aldım. Tüm bunlar için otuz yılımı harcadım." cümleleri dökülüyor. Ev alsan araba alsan ne olacak ki bir günde Azrail[(as)] gelip seni alacak araban şoförsüz, evin sensiz kalacak...

HZ. ÖMER (R.A.)

Adı	Ömer b. Hattâb
Anlamı	Ömür sürme ve yaşama
Künyesi	Ebû Abdullah/ Abdullah'ın babası
Lakabı	Farûk/Hak ile bâtılı birbirinden ayıran
Baba Adı	Hattab b. Nufeyl
Anne Adı	Hanteme bint Hişam
Kabilesi	Adiyyoğulları/Mekke
Doğum Yeri	Mekke
Doğum Yılı	N. Öncesi, 27/Miladî, 584
İslam'a Girişi	Nübüvvetin 6. yılı
Sohbet Süresi	17 yıl
Hadis Rivayeti	539
Savaşları	Bedir, Uhud, Hendek başta olmak üzere tüm gazveler ve birkaç seriyye
Vefat Yeri	Hücre-i Saadet/Medine
Vefat Yılı	Hicrî, 26 Zilhicce 23 Miladî, 3 Kasım 644
Vefat Yaşı	61

KAYNAKÇA

1. (Halîfe b. Hayyât, I, 151.)

2. (İbn Sâ'd, Tabakât, 3, 245.)

3. (İbn Abdirrabbih, İkd'ul Ferid,3 268.)

4. (İbn-i Abdilberr, İsti'ab, 2, 553; Suyutî, 123.)

5. (Ez-Zeyyât Ahmed Hasen, Tarîhu'l-edebi' l-'a-rabî, Kahire, tsz., s.181.)

6. (İbn Hişâm, es-Sire, III, 316-317.)

7. (Tirmizi, Menakıb, 16.)

8. (M. Âsım Köksal, "Hz. Ömer(ra) 40. Müslüman mı?" İslâm Mecmuası, sayı: 17, s. 41.)

9. (İbn Abdilber, İsti'âb, III, 1144.)

10. (TDV İslâm Ansiklopedisi, Halid b. Velid maddesi.)

11. (Ahmed b. Hanbel, el-Müsned, II, 95; Hâkim, el-Müstedrek, III, 83.)

12. (İbn Hişâm, es-Sîre, I, 457, 458.)

13. (Hakkâ 69/44,45,46.)

14. (İbn Hacer, el-İsâbe, II, 518; İbn Esîr, Üs-dü'l-Ğâbe, IV, 147.)

15. (İbn Hişâm, es-Sîre, I, 458, 459; İbn Esîr, el-Kâmil, II, 85-86; İbn Sa'd, Tabakât, III, 308-309.)

16. (İbn Hişâm, es-Sîre, I, 439.)

17. (Zühri, Meğâzi, 48.)

18. (İbn İshâk, es-Sîre, 164.)

19. (İbn Asakir, Tarihu Medineti Dimaşk, XLIV, 90.)

20. (İbn Esir, el-Kamil, II, 79.)

21. (İbn Sa'd, Tabakât, III, 393.)

22. (Buhârî, Ashâbu'n-Nebî, 6; Tirmizî, Menâkıb, 18.)

23. (Zühri, Megazi, 68.)

24. (Müslim, İmâret, 11.)

25. (et-Taberi, II, 580; İbnü'l-Esîr, I, 487.)

26. (Mehmet Akif Ersoy)

27. (bk. Beyhakî, es-Sünenu'l-Kübra, 8/312; Hatip Bağdadî, et-Tarih, 5/455; İbnu'l-Cuzî, Siyretu Ömer, s.170; Kastalanî, İrşadu's-sarî, 9/439.)

28. (Nisâ Suresi, 4/20.)

29. (İbn Hacer, el-Metalibü'l-aliye, ll, 4-5; eş-Şevkânî, Neylü'l-Evtâr, VI,168; Heysemî, Mecmau`z-Zevâid, Mısır, t.y., IV, 283 vd.)

30. (Müslim b. Kuteybe ed-Dineveri, Uyunu'l-ahbar, 1/118; Ebû'l-ferec İbnü'l-cevzi, Sıfetü's-saffe, 1/203-204.)

31. (Buhârî, Menakıb 35.)

32. (İbnu Hacer, Fethu'l-Bari, Kahire, 1959, 2, 51.)

33. (Tahrîm Suresi 5. Âyet.)

34. (Ahzâb Sûresi 53. Âyet.)

35. (Sîre, 2/154; Buhârî, 1/114.)

36. (Buhârî, 2/3; Ebû Dâvûd, 1/134.)

37. (Buhârî, 1/114.)

38. (Sîre, 2/155; Müsned, 4/43.)

39. (Sîre, 2/155; Ebû Dâvûd, 1/117.)

40. (Buhârî, Fedâilus-sahâbe, 6; Enbiya, 54; Müslim, Fedâilü's-sahâbe, 23.)

41. (Sîre, 3:331; Müsned, 4:330; Müslim, 3:1412.)

42. (Sîre, 3:331; Müsned, 4:330; Müslim, 3:1412.)

43. (Ravdü'l-Ünf, 6:490; Uyunü'l-Eser, 2:119.)

44. (Mektubat-RNK)

45. (İbnü'l-Esîr, el-Kâmil, II, 357.)

46. (İbn Kesîr, el-Bidâye, VII, 30, 31.)

47. (Sâdık Dânâ, İslâm Kahramanları, c. 1, sf. 68-69, Erkam Yayınları, İstanbul, 1990.)

48. (Üsdü'l-Gàbe, 4: 161.)

49. (Üsdü'l-ğâbe, IV, 3081.)

50. (İbn İshak, c. 2, s. 119; Ebû'l-Fidâ, c. 3, s. 172; Muhtasar-ı Târîhi Dımeşk, XX, 54-58; M. Asım Köksal, İslâm Tarihi 2/296-298.)

51. (Zümer Sûresi - 53. Âyet.)

52. (Üsdü'l-Gàbe, 2: 372; Mektûbât, s. 99.

53. (Sîre, 3:331; Müsned, 4:325.)

54. (Sîre, 3:331.)

55. (Sîre, 3:332; Müsned, 4:325.)

56. (Müslim, 3:1410; Müsned, 1:342.)

57. (Müslim, 3:1410; Müsned, 4:291.)

58. (Müslim, 3:1411.)

59. (Sîre, 3:332; Tabakât, 2:97; Müsned, 4:325; Taberî, 3:79.)

60. (Tecrid-i Sarih, Tere: Kâmil Miras, 8:164.)

61. (Buhârî, 7:230; İnsanü'l-Uyûn, 3:406.)

62. (Buhârî, 1:31-33, 6:70; Müsned, 1:33; Müslim, 2:1109-1112; Tirmizî, 5:421; İnsanü'l-Uyûn, 3:404.)

63. (Taberî, Tarihu'l Umem ve'l Mûlük, II, 253. Buhârî, et-Târihu'l-Kebîr, I, 10.)

64. (ez-Zühaylî, el-Fıkhu'l-İslâm; ve Edilletüh, V, 533, 534.)

65. (Ebû'l-Hasan Ali b. Muhammed b. Habib el-Basrî el-Mâverdî, el-Ahkâmu's-Sultaniyye, Mısır 1909, 127-128.)

66. (İbn Kesir, El-Bidaye, VII, 140.)

67. Zehebi, el-Hulafâu'r-Râşidûn, s. 66, 99; Mâverdi, s. 96-97; İbnu'l- Esir, II 422, 502; Belazuri, II, 348; Sarıcık, Ehli Beyt, s. 160- 162.)

68. (Hamidullah, Vesaik, s. 489; Hitti, I, 233; Heyet, Doğuştan Günümüze, I, 93.)

69. (Enfâl Sûresi – 39.)

70. İbnü'l-Esîr, el-Kâmil, II, 432-433; Muhammed Ferec, el-Müs-ennâ b. Hâris-e eş-Şeybânî: Fâris-ü Benî Şeybân, Kahire, ts. (el-Müessesetü'l-Mısriyyetü'l-âmme.)

71. (TDV İslam Ansiklopedisi, Kadisiye Savaşı md.)

72. (İbnü'l-Esîr, Kâmil, II, 529; TDV İslâm Ansiklopedisi, Muhammed B. Mesleme Maddesi.)

73. (İhsan Süreyya Sırma, İslâmi Tebliğin Örnek Halifeler Dönemi, s. 101-135.)

74. (Taberî, Tarih IV, 72; Belâzürî, Fütûh s. 550-553, 668-669.)

75. (Taberî, Târîḫ (Ebü'l-Fazl), IV, 114-136; Belâzürî, Fütûh s. 433-439; İbn Kesîr, el-Bidâye, VI, 105-112.)

76. (Belâzürî, Fütûh, s. 449).

77. (Taberî, Tarih, 2, 15.)

78. (Taberî, IV, 179; İbnü'l-Esîr, II, 381.)

79. (Taberî, Târîh, IV, 178-179.)

ARAYIŞ

MEHMET YILDIZ

Ömrünün baharında solmuş bir genç…
Aile içi şiddeti, cinayeti, sokakları, uyuşturucuyu,
pisliği, yetimhaneyi, pişmanlığı ve varoluş
sancısını yaşamış gencecik bir yürek. Bu genç
yaşında kaldıramıyor bu kadar yükü…
Bir arayışta…
Yaşadığı acı dolu hayata bir anlam bulmak istiyor bu genç.
Dipsiz bir kuyuda geleceği için bir parça umut arıyor…
Ve yolunu kaybedenlere rehberlik eden çiçeği
burnunda idealist bir öğretmen...
Büyük kâinatta kaderlerinin birlikte
yazılması asla tesadüf değildi.
Mehmet Yıldız'ın gerçek bir hayat hikâyesinden
esinlenerek yazdığı bu romanda, bahtsız bir gencin
sarsıcı ve dokunaklı dönüşümüne şahit olacaksınız.

NASIL DAYANDIN YA RESULULLAH

MEHMET YILDIZ

Yer O'nun için...
Gök O'nun için...
Deniz kıyısındaki kum tanelerinin her biri O'nun için...
Tüm alem O'nun, O ise tüm alem için...
O ki Allah'ın sevdiği kulu, son resulü...
ranıp da bulunamayan hiçbir güzellik yok O'nda...
Öyleyse bugün kimin gönlü bunalıyorsa, kim başına
gelen imtihanlardan yorgunsa, kim sıkıntılar içinde
göğüs kafesi çatlayacakmış gibi hissediyorsa, kim
her şeyi olmasına rağmen hâlâ huzursuzsa, kim
aldatılmışsa, kim ağlatılmışsa Resulullah'la arasındaki
bağa baksın... Kim de hayatına yeni bir başlangıç
yapmak istiyorsa bir besmele çekip bundan sonra
O'na biraz daha benzeyebilmek için adım atsın.